ALTER ego ²

Béatrix SAMPSONIS

Évaluation
Entraînement au
DELF A2

HACHETTE
Français langue étrangère

Sommaire

Contenu CD audio

1. Copyright

BILAN 1 – DOSSIERS 1, 2, 3
2. Activité 1
3. Activité 2
4. Activité 3

BILAN 2 – DOSSIERS 4, 5, 6
5. Activité 1
6. Activité 2
7. Activité 3

BILAN 3 – DOSSIERS 7, 8, 9
8. Activité 1
9. Activité 2
10. Activité 3
11. Activité 4

BILAN 4 – DOSSIERS 1 À 9
12. Activité 1
13. Activité 2
14. Activité 3
15. Activité 4

DELF A2 – NUMÉRO 1
16. Exercice 1
17. Exercice 2
18. Exercice 3

DELF A2 – NUMÉRO 2
19. Exercice 1
20. Exercice 2
21. Exercice 3

Intervenants
Couverture : Amarante
Création maquette intérieure : Médiamax/Amarante
Réalisation : Médiamax
Secrétaire d'édition : Vanessa Colnot
Illustrations : Jean-Marie Renard

Pour découvrir nos nouveautés, consulter notre catalogue en ligne, contacter nos diffuseurs ou nous écrire, rendez-vous sur Internet : www.hachettefle.fr

ISBN : 978-2-01-155503-8

L'évaluation dans *Alter Ego* permet de valider les compétences de communication des apprenants. Ces compétences sont celles définies dans le *Cadre Européen Commun de Référence*, aujourd'hui standard européen et outil d'harmonisation partagé par les examens et diplômes jouissant d'une reconnaissance internationale : les DELF, les diplômes de l'Alliance Française de Paris et les diplômes de la CCIP.

Si, dans le livre de l'élève, l'objectif est de mettre en place les différentes étapes de réflexion nécessaires à une véritable autoévaluation : fiches d'autoévaluation vérifiées par un test dans chaque dossier, le **Carnet complémentaire**, *Évaluation/Entraînement au DELF A2* **se veut un véritable entraînement aux examens** correspondant au niveau *CECR* A2 et préparation à ceux du niveau B1 :

	Niveau A2	Niveau B1
CECR	→ DELF A2 → Certificat d'Études de Français Pratique 1 (CEFP1)	→ DELF B1 → Certificat d'Études de Français Pratique 2 (CEFP2)

Le Carnet se compose de six *Évaluations* **:** quatre correspondent exactement aux thèmes, au lexique et aux objectifs grammaticaux développés dans les dossiers de référence, les deux dernières sont de véritables entraînements au DELF.

	Dossiers du manuel correspondants	Niveau *CECR* correspondant
→ Bilan 1	1-2-3	A2
→ Bilan 2	4-5-6	A2
→ Bilan 3	7-8-9	A2/B1
→ Bilan 4	Synthèse des dossiers 1 à 9	A2/B1
→ DELF A2 – numéro 1	Entraînement DELF A2	A2
→ DELF A2 – numéro 2	Entraînement DELF A2	A2

Les *Bilans* **1, 2, 3 et 4** reprennent rigoureusement les objectifs travaillés dans les leçons des dossiers en croisant les thèmes et les tâches. Chaque bilan se compose de quatre parties ou épreuves correspondant aux quatre compétences de communication authentiques :

- Compréhension écrite
- Compréhension orale
- Expression écrite
- Expression orale et interaction

Si les tests du Guide pédagogique donnent la possibilité à l'enseignant de valider les compétences acquises par l'apprenant après chaque dossier, **les** *Évaluations* **du Carnet permettent la même validation après une session complète d'apprentissage.**

Les supports et les tâches sont authentiques et proches de la vie quotidienne.

L'enseignant dispose, pour chaque épreuve de production orale ou écrite, de barèmes et de critères, véritables outils pour une correction objective et pertinente. C'est pour l'enseignant le moyen de :

- partager les résultats obtenus avec d'autres collègues d'une même institution à partir des mêmes épreuves et barèmes, s'il le désire.
- mener une réflexion commune sur les moyens à mettre en œuvre en amont de l'apprentissage, voire résoudre les problèmes en équipe pédagogique, si le besoin s'en fait sentir.
- mieux appréhender les points forts et les points faibles des apprenants.
- construire un véritable échange avec l'apprenant (mieux expliquer à l'apprenant ses progrès ou ses faiblesses) pour une meilleure motivation. Un résultat global ne permet pas d'apporter une information constructive de ce type.

Voici, **par compétence**, la **liste des savoir-faire**, **objectifs communicatifs évalués**.

DANS LE BILAN 1 (DOSSIERS 1, 2, 3)

▒ Compréhension orale
Discriminer des sons dans des phrases
Comprendre des messages sur répondeur (annonces ou instructions)
→ identifier des informations concernant des besoins quotidiens (heure, jour d'ouverture, n° téléphone, lieu de rendez-vous...)
Comprendre une interaction entre locuteurs natifs sur un sujet familier
→ identifier le type d'échange, le sujet dont on parle / identifier les informations et points de vue donnés par les personnes

▒ Compréhension écrite
Lire pour s'orienter, s'informer, discuter
→ comprendre de courts articles : publicités, annonces, conseils d'experts, infos touristiques
Comprendre la correspondance
→ identifier la situation et la fonction d'un écrit : amical, familial, administratif ou professionnel

▒ Expression écrite
Écrire une lettre amicale simple pour donner des renseignements personnels, décrire brièvement une expérience et exprimer des sentiments sur des sujets familiers relatifs aux loisirs
→ expliquer les raisons de la situation / donner des informations sur le lieu, le moment / décrire les personnes et raconter les actions / exprimer des sentiments, une opinion

▒ Expression orale et interaction
Interagir de façon simple sur un sujet familier, répondre à des questions personnelles
Discuter simplement de questions quotidiennes
→ présenter une situation de vacances / raconter des événements passés / parler de ses activités (donner des informations sur les lieux, les moments, les personnes en relation avec ces activités) / exprimer un point de vue simple et justifier simplement / entrer en contact par téléphone, prendre congé et saluer / proposer des idées de jobs (parler des actions, des lieux, des moments, des personnes en relation avec ces activités) / faire des recommandations, conseiller / répondre à des questions / exprimer son point de vue très simplement

DANS LE BILAN 2 (DOSSIERS 4, 5, 6)

▒ Compréhension orale
Discriminer des sons dans des phrases
Comprendre des annonces, des informations à la radio ou à la télévision
→ identifier l'information principale, l'objet de l'annonce / identifier quelques informations détaillées (lieu, date, heure) / identifier la cause d'une situation
Comprendre une interaction entre locuteurs natifs sur un sujet familier
→ identifier le type et le thème de l'échange / identifier de quoi parlent les personnes : témoignage de vécu passé, sentiments

▒ Compréhension écrite
Lire pour s'informer, discuter
→ comprendre une critique de film / comprendre l'histoire / comprendre les appréciations exprimées / comprendre une situation de fait divers / identifier l'action, les personnes, les lieux, les moments, les causes, les résultats

Lire pour s'orienter
→ identifier des rubriques de journaux / comprendre des titres de presse

Expression écrite

Écrire un bref rapport pour transmettre des informations courantes, faire une description brève et élémentaire d'un événement, d'activités passées, d'expériences personnelles, raconter une histoire
→ écrire un texte informel / reprendre avec exactitude les informations données / donner des informations sur le lieu, le moment / décrire les personnes et raconter les actions

Écrire un message pour exprimer des sentiments
→ écrire un message amical / exprimer ses sentiments / rassurer / donner rendez-vous

Expression orale et interaction

Interagir de façon simple sur un sujet familier, répondre à des questions personnelles
Discuter simplement de questions quotidiennes, donner des explications brèves sur ses opinions
→ parler de ses lectures / raconter le sujet d'un livre / formuler des rêves, des souhaits, des projets (parler d'actions, de lieux, de moments, de personnes en relation avec ces activités) / expliquer des raisons et des conséquences / répondre à des questions / exprimer son point de vue et justifier très simplement

DANS LE BILAN 3 (DOSSIERS 7, 8, 9)

Compréhension orale

Discriminer des sons dans un texte
Discriminer les types de discours : infos publiques, échange formel, publicité commerciale, message informel
Comprendre des informations d'intérêt général à la radio ou à la télévision : de courts flashs infos (annonces de manifestations, de loisirs, infos nationales et internationales)
Comprendre une courte interview, un récit, une interaction entre locuteurs natifs : comprendre le thème général, identifier des infos détaillées

Compréhension écrite

Comprendre des textes factuels sur des sujets relatifs à son domaine et à ses intérêts, description d'événements, de sentiments, de souhaits ; localiser l'information cherchée dans un texte afin d'accomplir une tâche spécifique
– Lire pour s'orienter
→ comprendre une expérience vécue / comprendre le sens global : la situation / comprendre la chronologie des actions, les étapes de l'expérience / identifier les sentiments exprimés / comprendre une critique de spectacle / identifier les points positifs et négatifs
– Lire pour s'informer, discuter
→ comprendre l'agencement d'un texte d'information publicitaire / identifier les objectifs, les raisons d'une action / identifier les arguments pour convaincre

Expression écrite

Écrire une lettre personnelle pour donner des nouvelles, décrire en détail expériences, sentiments et événements
– Écrire un texte informel (registre et formules d'adresse)
→ raconter une soirée : le cadre, les consommations, les activités, les rencontres / donner ses impressions, exprimer son opinion (points positifs, points négatifs) / justifier son point de vue / convaincre
– Écrire un message pour demander une information ou expliquer un problème
→ écrire un message formel / dénoncer une situation / exprimer son indignation / exprimer son inquiétude

Expression orale et interaction

Faire un exposé sur un sujet familier. Raconter une histoire. Relater les détails essentiels d'un événement tel un accident, décrire un rêve, un espoir ou une ambition. Exprimer sa pensée, son point de vue, donner brièvement ses raisons et des explications
→ présenter un fait de société / exprimer son point de vue et justifier simplement

Interagir de façon simple sur un sujet familier, répondre à des questions personnelles ; discuter simplement de questions quotidiennes, donner des explications brèves sur ses opinions

→ présenter le thème d'une discussion / exprimer un point de vue / argumenter très simplement en illustrant d'exemples, d'expériences / répondre à des questions

ᴅ ANS LE BILAN 4 (DOSSIERS 1 À 9)

ᴡ Compréhension orale

Discriminer les sons dans un texte d'information statistique

Discriminer les types de discours : infos publiques, échange formel, publicité commerciale, message informel

Comprendre des informations d'intérêt général à la radio ou à la télévision relatives à la vie quotidienne : flashs infos concernant les loisirs, le sport, la consommation

Comprendre une courte interview, un récit, une interaction entre locuteurs natifs

→ comprendre quelqu'un qui dénonce une situation, qui proteste / comprendre la fonction du document, l'objectif du témoignage / comprendre le sens global / comprendre les détails du récit / comprendre les sentiments exprimés

ᴡ Compréhension écrite

Comprendre des textes factuels sur des sujets relatifs à son domaine et à ses intérêts, description d'événements, de sentiments, de souhaits ; localiser l'information cherchée dans un texte afin d'accomplir une tâche spécifique

– Lire pour s'orienter

→ comprendre un article de presse / comprendre le sujet de l'article / classer les idées du texte / comprendre une critique de spectacle / comprendre les éléments de l'histoire / comprendre la critique exprimée / identifier des types d'écrits de la vie quotidienne

– Lire pour s'informer, discuter

→ reclasser les différentes parties d'un article informatif / identifier la situation, les personnes, les actions, les buts, les résultats

ᴡ Expression écrite

Écrire une lettre personnelle pour donner des nouvelles, décrire en détail expériences, sentiments et événements

→ féliciter / remercier / faire un récit de vacances au passé / exprimer une opinion positive / exprimer une opinion nuancée

Écrire un message pour demander une information ou expliquer un problème

→ écrire un message amical / s'excuser / justifier ses excuses / proposer une aide

ᴡ Expression orale et interaction

Faire un exposé sur un sujet familier. Raconter une histoire. Relater les détails essentiels d'un événement tel un accident, décrire un rêve, un espoir ou une ambition. Exprimer sa pensée, son point de vue, donner brièvement ses raisons et des explications

→ parler d'un phénomène de société / exprimer une opinion simple, son accord, son désaccord / expliquer les causes et les conséquences / justifier simplement

Interagir de façon simple sur un sujet familier, répondre à des questions personnelles. Discuter simplement de questions quotidiennes, donner des explications brèves sur ses opinions

→ répondre à un quiz / discuter, exprimer son point de vue / expliquer des raisons et des conséquences / illustrer son opinion à l'aide d'exemples / répondre à des questions

Les *Évaluations* **5 et 6 sont, elles, des entraînements aux nouveaux DELF A2**. Elles sont construites sur la maquette même de ces nouveaux diplômes. Elles offrent aux apprenants la possibilité de se familiariser au format et au contenu de ces épreuves en compréhension écrite et orale et en production écrite et orale.

Évaluations complémentaires et préparation au DELF

COMPRÉHENSION ORALE

(20 pts)

Discriminer des sons dans des phrases

(3 pts)

Voici six phrases.
Écoutez ces phrases une seule fois et notez votre réponse comme dans l'exemple.
Après chaque phrase, vous aurez quelques secondes pour répondre.

		= Phrase identique	≠ Phrase différente
Exemple	Nous aimons le soir.	X	
1.	Tu as vu cette vague !		
2.	C'est vraiment une bonne classe.		
3.	Il est trop sot.		
4.	Quel beau temps !		
5.	Il doit vendre ce bois.		
6.	Tu as vu la tasse.		

Comprendre des messages sur répondeur (annonces ou instructions)

(8 pts)

Voici quatre extraits sonores. Écoutez ces extraits deux fois.
D'abord, vous aurez quelques secondes pour lire les questions.
Puis, après avoir entendu chaque extrait, vous aurez quelques secondes pour répondre.

Entourez la lettre correcte ou écrivez votre réponse.

Extrait 1

(2 pts)

1. Dans ce message, Stéphanie

    A. annule un rendez-vous.
    B. fixe l'heure d'un rendez-vous.
    C. déplace le jour d'un rendez-vous.

2. Mathieu et Stéphanie sont

    A. des collègues de travail.
    B. des voisins.
    C. des amoureux.
    D. des frères et sœurs.

Extrait 2

(1 pt)

Dans ce message, on demande à Alain

    A. de rappeler le lendemain.
    B. de ne pas oublier les assiettes et les verres.
    C. d'apporter 25 couverts.
    D. de ne pas sortir en soirée.

Extrait 3

(3 pts)

1. Complétez la fiche de rendez-vous de M. Ackman.

> ### Fiche de rendez-vous
>
> NOM : .... **Janot** ....
>
> Motif du rendez-vous : ....
>
> Date : ....
>
> Heure : ....**14 h 30**..................

2. Quel est le numéro de téléphone du secrétariat ?

..**01**.. ....

Extrait 4

(2 pts)

> ### Agence GAMBETTA
>
> FICHE DE RETRAIT DE DOCUMENTS
>
> Nom du client : ....**GRAND**..................
>
> Type de documents : ....
>
> Date de retrait : ....
>
> Signature : *Grand*

Comprendre une interaction entre locuteurs natifs sur un sujet familier

(9 pts)

Voici un extrait d'une étude SOFRES. L'enquêtrice interroge cinq personnes.
Première écoute : concentrez-vous sur le document.
Ensuite, lisez les questions.
Deuxième écoute : répondez aux questions.

Entourez la lettre correcte, cochez ou écrivez la réponse.

1. De quel type de document s'agit-il ?

(1 pt)

  A. un débat télévisé
  B. un micro-trottoir
  C. une enquête radiophonique

2. Les cinq personnes interrogées parlent de

(1 pt)

  A. leurs lectures en général.
  B. la sortie d'une nouvelle bande dessinée.
  C. leur goût pour la BD.

3. Complétez la fiche de l'enquêtrice, Cécile, concernant ces cinq personnes.

(5,5 pts)

	Christophe	Catherine	Claudine	Romain	Karim
âge					
1. il/elle adore	✗				
2. il/elle n'est pas passionné(e)					
3. il/elle préfère les histoires drôles					
4. il/elle en achète beaucoup			✗		

4. Qui dit quoi ? Notez le prénom de la personne à côté de la phrase qui lui correspond.

(1,5 pt)

  • Je préfère la télévision, la presse ou la littérature. ....

  • Je lis beaucoup : des romans et des bandes dessinées ! ....

  • Les bandes dessinées, c'est de la littérature. ....

COMPRÉHENSION ÉCRITE

Lire pour s'orienter, s'informer, discuter

(20 pts)

(10 pts)

Lisez les documents ci-dessous et répondez aux questions.

1

Les Français partent plus souvent en vacances qu'il y a quelques années, et pour des durées plus courtes. La mise en place de la réduction du temps de travail n'a fait qu'augmenter le phénomène : on part aujourd'hui plus souvent, et on se débrouille sur place pour l'hébergement. Nos agences adaptent leur offre pour vous permettre de composer des vacances à la carte, pour une plus grande liberté !

Si vous aimez l'imprévu et voulez réaliser de bonnes affaires, soyez attentifs à nos offres promotionnelles dans une de nos agences ou consultez notre rubrique « Stop Promos » sur Internet !

Entourez la lettre correcte ou écrivez la réponse.

1. Quel est le but de ce document ?

(1 pt)

A. vendre un produit
B. informer sur la société
C. donner des conseils

2. Les Français partent plus souvent en vacances qu'avant, pourquoi ?

(1 pt)

A. Les salaires ont augmenté.
B. Le prix des voyages a diminué.
C. Ils travaillent moins.

2

Pendant le voyage, rassemblez un maximum de preuves (photos, témoignages, etc.). À votre retour, calculez la somme d'argent qui correspond à votre mécontentement et apportez les preuves (tickets, factures, notes, etc.). Photocopiez le dossier et, surtout, conservez l'original.

À quelle question cette personne répond-elle ?

(1 pt)

A. Que faut-il faire pour être sûr de bien voyager ?
B. Comment faire une réclamation si je ne suis pas content de mon voyage ?
C. Comment écrire une lettre pour se plaindre après un voyage ?

3

TENTATIONS PROVENÇALES

À DÉCOUVRIR Le vieux Manosque. Prenez le temps de vous promener dans ce village où l'écrivain Giono a vécu.

INSOLITE : l'usine l'Occitane. En 1 heure, faites le tour des cosmétiques naturels. N'oubliez pas de visiter Le Moulin de l'Olivette, l'une des plus grandes coopératives d'huile d'olive de France.

La bonne adresse : *Chez Julia* à Montfuron (sortie 18). Un peu trop à la mode, mais chaleureux et délicieux, dans un superbe village perché dans la montagne.

1. Où aller si l'on cherche un endroit où l'on peut

(5 pts)

A. voir la fabrication de produits de maquillage ? . . . .

B. découvrir de vieilles rues ? . . . .

C. acheter des produits alimentaires ? . . . .

D. déjeuner dans un petit restaurant convivial ? . . . .

E. visiter un endroit rendu célèbre par un homme de lettres ? . . . .

2. Que dit l'auteur à propos de *Chez Julia* ? (2 réponses possibles)

(2 pts)

A. C'est une adresse bon marché.
B. La nourriture est savoureuse.
C. Il y a un peu trop de bruit.
D. Peu de gens connaissent l'endroit.
E. Cela se trouve au bord de la mer.
F Le décor est original.
G. L'accueil est convivial.

Comprendre la correspondance

(10 pts)

Voici des extraits de lettres. À quelle situation correspondent ces extraits ?
Associez les lettres aux chiffres dans le tableau final. (Attention, il y a plus d'extraits
que de situations. Si vous ne trouvez pas de situation possible, mettez une croix.)

0 Votre dossier a été transmis au service des réclamations. Il est actuellement à l'étude. Vous recevrez une réponse d'ici deux semaines.

A Ana et Peter préparent leurs vacances de juillet prochain à la ferme.

1 *Viens nous rejoindre ce week-end. Le gîte est plein de charme et il y a de la place. Nous ferons des balades en montagne s'il fait beau.*

B La société Samson informe de son refus.

2 Votre candidature a retenu toute notre attention. Malheureusement, aucun poste libre ne correspond à votre profil pour le moment.

C La société de crédit Privilège propose des services à un client.

3 Je veux apporter mon soutien à votre action pour les sans-logis cet hiver. Je joins pour cela un don de 30 €.

D Madame Lusseau demande le remboursement de sa dernière commande.

4 Dans les prochaines semaines, nous aurons le plaisir de vous adresser la liste des avantages liés à votre nouvelle carte Cléo.

E MADEMOISELLE LEGRAND POSE SA CANDIDATURE POUR LE POSTE D'AGENT DE TOURISME.

5 **Veuillez nous faire parvenir votre brochure « Tourisme vert en France » pour cet été.**

6 N'oubliez pas d'apporter votre caméscope pour filmer la soirée !

F Pierre et Sophie invitent Christine dans leur maison de vacances.

7 Tes yeux sont gravés dans ma mémoire depuis qu'ils ont croisé les miens. Tu es dans mes rêves les plus fous…

G *Madame Salliou se plaint de nuisance sonore entre voisins.*

8 J'ai détesté ce stage ! Les collègues étaient froids et les horaires impossibles !

9 *Je me tiens à votre disposition pour vous exposer plus précisément mes motivations lors d'un entretien.*

H Antoine exprime son opinion sur son dernier job.

10 Monsieur, votre chat miaule toute la journée. Je ne supporte plus ce bruit. Si vous ne trouvez pas une solution rapidement, je serai au regret d'en informer le gardien !

0	1	2	3	4	5	6	7	8	9	10
D										

EXPRESSION ÉCRITE

(20 pts)

Ecrire une lettre amicale simple pour donner des renseignements personnels, décrire brièvement une expérience et exprimer des sentiments sur des sujets familiers relatifs aux loisirs

> Écoutez notre radio et gagnez vos vacances !
>
> De 10 h à 18 h chaque jour pendant tout le mois
>
> **GAGNEZ**
>
> **UN VOYAGE POUR DEUX PERSONNES**
>
> **POUR UN SÉJOUR DE RÊVE !!!**

Vous avez participé à ce jeu et vous avez eu la chance de gagner un voyage. De retour, vous écrivez une lettre à un(e) ami(e) (environ 100 mots) pour lui raconter ce que vous avez gagné et comment. Vous lui décrivez où, quand, avec qui vous êtes parti(e). Vous lui parlez de vos activités et de vos rencontres sur place. Vous lui dites si c'était vraiment un voyage de rêve pour vous...

Avant de commencer, réfléchissez à ce qui est demandé :

- écrire une lettre amicale ;
- expliquer les raisons de la situation ;
- donner des informations sur le lieu, le moment ;
- décrire les personnes et raconter les actions ;
- exprimer des sentiments, une opinion.

Voici la grille qui va évaluer votre travail :

✓ **Adéquation au sujet**	8 pts
• Capacité à donner des informations sur l'événement : pourquoi, où, quand...	3
• Capacité à parler des 2/3 des activités passées	3
• Capacité à exprimer des sentiments	2
✓ **Lisibilité de la production**	2 pts
✓ **Compétence linguistique**	10 pts
• Exactitude morphosyntaxique	6
• Richesse lexicale	4

EXPRESSION ORALE ET INTERACTION

(20 pts)

Interagir de façon simple sur un sujet familier, répondre à des questions personnelles

Deux activités au choix.

Présentation/échange

Racontez un de vos souvenirs de vacances, un bon comme un moins bon... Votre meilleur souvenir, votre pire souvenir ! Précisez où, quand, avec qui, ce qui s'est passé, pourquoi il est le meilleur ou le pire...

Savoir-faire :

% présenter une situation de vacances ;
% raconter des événements passés ;
% parler de ses activités (donner des informations sur les lieux, les moments, les personnes en relation avec ces activités) ;
% exprimer une opinion simple et justifier simplement.

Simulation/échange

Un(e) ami(e) vous a demandé de l'aider à trouver un job d'été à la dernière minute !
Vous lui téléphonez pour lui faire quelques suggestions et lui donner des conseils.

Savoir-faire :

% entrer en contact par téléphone, prendre congé et saluer ;
% proposer des idées de jobs (parler des actions, des lieux, des moments, des personnes en relation avec ces activités) ;
% faire des recommandations, conseiller ;
% répondre à des questions ;
% exprimer son opinion et argumenter très simplement.

Voici la grille qui va évaluer votre travail :

✓ Capacité à communiquer	10 pts
• Adaptation à la situation proposée	3
• Adéquation des actes de parole	4
• Capacité à répondre aux questions de l'interlocuteur, à relancer l'échange	3
✓ Compétence linguistique	10 pts
• Phonétique	3
• Morphosyntaxique	4
• Lexicale	3

COMPRÉHENSION ORALE

Discriminer des sons dans des phrases

(6 pts)

Voici six phrases.
Écoutez ces phrases une seule fois et notez votre réponse comme dans l'exemple.
Après chaque phrase, vous aurez quelques secondes pour répondre.

	═ Phrase identique	≠ Phrase différente
Exemple Nous aimons le soir.		X
1. Je l'ai enfin casé !		
2. Cette fois-ci c'est l'été.		
3. Elle aime les sous.		
4. Ces cars sont vides.		
5. Ces zones sont à éviter.		
6. Elle déteste cette roue.		

Comprendre des annonces, des informations à la radio ou à la télévision

(8 pts)

Voici trois extraits sonores. Écoutez ces extraits deux fois.
D'abord, vous aurez quelques secondes pour lire les questions.
Puis, après avoir entendu chaque extrait, vous aurez quelques secondes pour répondre.

Entourez la lettre correcte ou écrivez votre réponse.

Extrait 1

(3 pts)

1. Qu'annonce-t-on dans le métro ?

A. du retard
B. un arrêt
C. des perturbations

2. Sur quelle ligne ?

ligne n° ....

3. Pourquoi ? à cause

A. d'une grève
B. d'une panne
C. d'un accident

Extrait 2

(4 pts)

1. Qu'annonce-t-on à l'église d'Ourscamp ?

A. une cérémonie religieuse
B. une comédie musicale
C. un concert

2. Quand ?

le .... (jour) à .... (heure)

3. Pour plus d'informations, il faut téléphoner au : ...**03**... ....

Extrait 3

(1 pt)

La météo annonce

A. une amélioration.
B. des températures plus basses.
C. de la pluie.

Comprendre une interaction entre locuteurs natifs sur un sujet familier

(6 pts)

Écoutez le document une première fois.
Lisez les questions.
Écoutez le document une deuxième fois et répondez aux questions.

Entourez la lettre correcte, cochez ou écrivez votre réponse.

1. Vous venez d'entendre

A. un micro-trottoir.
B. une émission de radio.
C. une conversation familiale.

2. Les personnes parlent

A. des relations entre parents et enfants.
B. des différences de vie entre la France et la Pologne.
C. de leurs origines étrangères.

3. Que disent-elles ?

	Janine	Danièle	Aurore
1. J'ai rejeté mon histoire familiale pendant toute mon enfance.			
2. Connaître ses racines même lointaines est essentiel.			
3. Même si je me sens plus à l'aise en France, je n'oublierai jamais le pays de mes parents.			
4. J'ai toujours été en contact avec la culture de mes grands-parents.			

COMPRÉHENSION ÉCRITE

Lire pour s'informer, discuter

(20 pts)

(10 pts)

Lisez les documents ci-dessous et répondez aux questions.

1

Prenez une femme : Sophie... belle... très belle même. Trop belle pour lui. Prenez un homme : Anthony, simple, modeste traducteur abandonné par sa femme.

Après l'avoir rencontré dans un train, la belle Sophie l'invite dans un palace méditerranéen et le présente comme son mari, un escroc international poursuivi par des tueurs. Un jeu dangereux qui nous conduit dans un sacré thriller...

Un superbe plan d'ouverture, sur les jambes de l'actrice marchant sur une musique hitchcockienne, des poursuites à couper le souffle, un suspense continu : le réalisateur maîtrise son sujet, sa caméra, et ses comédiens. Ce premier long métrage frappe très fort. Et même si nous pensons que la fin est un peu trop rapide, c'est parce que les trois quarts du film ont élevé notre niveau d'exigence très haut...

D'après *À nous Paris,* 26 Avril 2005

Entourez la lettre correcte ou écrivez votre réponse.

1. Ce document est extrait de

A. la couverture d'un livre policier.
B. la présentation d'un feuilleton télé.
C. la critique d'un film.

2. L'histoire se passe

A. dans un train.
B. au bord de la mer.
C. dans plusieurs pays.

3. Dans l'ensemble, l'auteur du document exprime une opinion

A. négative.
B. neutre.
C. positive.

4. Relevez quatre éléments qui justifient votre réponse :

(4 pts)

– ....
– ....
– ....
– ....

2

Un oiseau sauvé par un robot téléguidé

Coincé pendant deux jours dans un appartement, l'oiseau Titi a été secouru par un robot de la police, la semaine dernière, en Australie. Sa propriétaire avait été évacuée d'urgence par la police, car son immeuble risquait de s'effondrer. Mais elle n'avait pas pu emporter la cage de Titi. La police a préféré ne pas faire prendre de risques à un sauveteur et a envoyé un robot téléguidé pour sortir Titi de l'appartement.

D'après *Mon Quotidien*, 8 novembre 2005

Entourez la lettre correcte.

1. De quelle rubrique est tiré ce document ?

A. Animaux domestiques
B. Faits divers
C. Nouvelles technologies

2. Titi

A. a été abandonné dans l'appartement.
B. a été blessé dans l'effondrement d'un immeuble.
C. a sauvé sa maîtresse avec l'aide d'un robot.

3. Finalement,

A. un sauveteur de la police a sauvé Titi.
B. la propriétaire a soigné son animal.
C. une machine télécommandée est allée chercher l'oiseau.

Lire pour s'orienter

(10 pts)

À quelles rubriques correspondent ces titres ?
Associez les lettres aux chiffres dans le tableau final. Attention, il y a plus de rubriques
que de titres. Mettez une croix quand il n'y a pas de titre possible.

1. **Horoscope**

2. **Économie**

3. **Loisirs**

4. **Faits divers**

5. **Santé, Forme**

6. **Beauté**

7. **Société**

8. **Mode**

9. **Jardinage**

10. **Résultats sportifs**

11. **Idées gourmandes**

A. Le Yoga, c'est bon pour tout.

B. Ces jeunes qui révolutionnent le bénévolat.

C. Soins pour les cheveux, ils sont spectaculaires : les meilleures et dernières nouveautés.

D. Le rock-musette fait recette ou le mariage réussi de la guitare électrique et de l'accordéon !

E. Le signe de la semaine : aucun obstacle sur votre route !

F. Sur une terrasse ou un petit balcon, ces pommiers très productifs prennent très peu de place.

G. Un condiment à découvrir : la sauce de soja.

H. Grandes tailles pour cet été : les robes-chemisiers

1	2	3	4	5	6	7	8	9	10
E									

EXPRESSION ÉCRITE

(20 pts)

Écrire un bref rapport pour transmettre des informations courantes, faire une description brève et élémentaire d'un événement, d'activités passées, d'expériences personnelles, raconter une histoire

(15 pts)

> *Notes prises pendant la déposition*
>
> **9 h 10 :** *Arrivée à la banque. Longue file d'attente.*
> *Appel d'un ami sur portable, en même temps :*
> *entrée de quatre individus « bizarres ».*
> *Cris ! Tout le monde à terre. Clients terrorisés.*
> *Argent remis par l'employé.*
> *Sonnerie d'alarme.*
> *Sortie rapide des quatre voleurs.*
>
> **9 h 45 :** *Entrée des policiers dans la banque. Pas de blessés.*
> *Interrogatoire de toutes les personnes.*
>
> **11 h :** *Retour au bureau.*

Vous travaillez comme stagiaire au commissariat de police.
Une jeune femme est venue car elle a été témoin d'un hold-up dans sa banque.
Vous devez rédiger un bref rapport (environ 100 mots) de son témoignage
à partir des notes que vous avez prises pendant sa déposition.

Continuez le début du rapport ci-dessous :

Commissariat du XIIe arrondissement de Paris

Déposition faite par Mademoiselle Sophie Degas
En date du 28 janvier 2006
Affaire : Hold-up au Crédit de France

Inspecteur-Stagiaire : ....

   Le 28 janvier 2006, Sophie Degas s'est présentée à 13 heures pour témoigner au sujet du hold-up du Crédit de France.
   Ce matin, à 9 heures 10, Sophie Degas...
....
....
....

Avant de commencer, réfléchissez aux différents points demandés :

🔳 écrire un texte informel ;

🔳 reprendre avec exactitude les informations données ;

🔳 donner des informations sur le lieu, le moment ;

🔳 décrire les personnes et raconter les actions.

Voici la grille qui va évaluer votre travail :

✓ Adéquation au sujet	5 pts
• Capacité à donner des informations sur l'événement : où, quand, qui…	2
• Capacité à parler d'activités passées	3
✓ Lisibilité de la production	1 pt
✓ Compétence linguistique	9 pts
• Exactitude morphosyntaxique	6
• Richesse lexicale	3

Ecrire un message pour exprimer des sentiments

(5 pts)

Vous avez appris que votre collègue de travail est à l'hôpital à la suite d'un accident. Vous lui écrivez un court mél (environ 40 à 50 mots) pour lui exprimer vos sentiments et le (la) rassurer. Vous lui annoncez aussi votre visite prochaine.

Envoyer maintenant   Options   Insérer   Catégories

....

....

....

....

....

....

....

....

....

Avant de commencer, réfléchissez aux différents points demandés :

🔳 écrire un message amical ;

🔳 exprimer ses sentiments ;

🔳 rassurer ;

🔳 donner rendez-vous.

Voici la grille qui va évaluer votre travail :

✓ Compétence fonctionnelle	3 pts
• Adaptation du message à la situation et à l'interlocuteur	1
• Maîtrise des actes de parole	2
✓ Compétence morphosyntaxique et lexicale	2 pts

EXPRESSION ORALE ET INTERACTION

(20 pts)

Interagir de façon simple sur un sujet familier, répondre à des questions personnelles, discuter simplement de questions quotidiennes, donner des explications brèves sur ses opinions

Deux activités au choix.

Présentation/échange

Connaissez-vous ce genre de littérature ? Si oui, la lisez-vous et qu'en pensez-vous ?
Sinon, quelles sont vos lectures préférées : magazines, romans, poésies...
Racontez votre dernière lecture et dites pourquoi vous l'avez aimée ou détestée.

Livre potins, filles branchées

Un nouveau genre envahit les rayons des librairies : la « chick lit » ou littérature potins. L'héroïne fréquente les boîtes à la mode, son placard déborde de vêtements dernier cri, son job passionnant lui permet de s'offrir tout ce qui est à la mode et elle a toujours un potin, prêt à raconter, un bavardage qui concerne la mode, la presse ou les stars. Elle nous ouvre les portes des milieux selects et nous met des paillettes plein les yeux. On les admire, on les envie. Résultat : on les achète !

Savoir-faire :

// parler de ses lectures ;
// raconter le sujet d'un livre ;
// exprimer une opinion simple et justifier simplement.

Simulation/échange

Un(e) ami(e) vous a demandé d'exprimer des souhaits pour vos prochaines vacances : job, aventure au-delà des frontières, partage humanitaire. Expliquez-lui pourquoi vous avez envie de ce projet et ce que cela vous apporterait. Vous répondez aussi à ses questions.

Savoir-faire :

// formuler des rêves, des souhaits, des projets
(parler d'actions, de lieux, de moments, de personnes
en relation avec ces activités) ;
// expliquer des raisons et des conséquences ;
// répondre à des questions ;
// exprimer son opinion et argumenter très simplement.

Voici la grille qui va évaluer votre travail :

✓ Capacité à communiquer	10 pts
• Adaptation à la situation proposée	3
• Adéquation des actes de parole	4
• Capacité à répondre aux questions de l'interlocuteur, à relancer l'échange	3
✓ Compétence linguistique	10 pts
• Phonétique	3
• Morphosyntaxique	4
• Lexicale	3

COMPRÉHENSION ORALE

(20 pts)

Discriminer des sons dans un texte

(5 pts)

Vous allez entendre un message une seule fois.
Vous avez devant vous la transcription de ce message. Quand vous avez le choix,
soulignez ce que vous entendez.

> **Exemple :** *(Ci-dessus / Ci-dessous), vous pouvez voir la compagnie (Dessanges / des Anges) (fin / fine) prête*
> *pour une parade intemporelle. Les femmes paraissent (jaunes / jeunes) dans (les / leurs) combinaisons*
> *futuristes !*
>
> Jamais une rencontre **du / de** championnat n'aura **attiré / étiré** autant de monde. Près de **20 000 / 80 000**
> personnes **sont / ont** attendues dans le stade. Il ne reste plus aux joueurs qu'à réaliser un **bon / beau** match.
> Côté spectacle, ils ne déçoivent jamais !

Discriminer les types de discours

(4 pts)

Après l'exemple, vous allez entendre une seule fois quatre courts extraits
numérotés de 1 à 4.
Indiquez s'il s'agit d'un extrait d'informations publiques, d'échange formel,
de publicité commerciale ou d'un message informel.
Cochez la case correspondante.

	INFORMATIONS PUBLIQUES	ÉCHANGE FORMEL	PUBLICITÉ COMMERCIALE	MESSAGE INFORMEL
Exemple			✗	
Extrait 1				
Extrait 2				
Extrait 3				
Extrait 4				

Comprendre des informations d'intérêt général à la radio ou à la télévision

(3 pts)

Vous allez entendre trois extraits de radio.
Avant chaque extrait, vous aurez 10 secondes pour lire la (ou les) question(s)
correspondante(s).
Vous entendrez chaque extrait deux fois.
Puis, vous aurez quelques secondes pour cocher ou noter votre réponse.
À la fin, vous aurez 30 secondes pour vérifier vos réponses.

Extrait 1

On annonce

    A. une journée consacrée à la nature.
    B. une manifestation écologique.
    C. une vente de plantes.

Extrait 2

Pour lutter contre la pollution, l'Italie

    A. a mis en place un système de circulation alternée en ville.
    B. a instauré des jours sans voiture dans toutes les villes.
    C. a interdit le trafic automobile dans une dizaine de villes.

Extrait 3

À Évreux,

    A. la police a arrêté un criminel grâce à ses motards.
    B. les brigades ont fait des démonstrations publiques.
    C. la police scientifique a fait une enquête auprès des habitants.

Comprendre une courte interview, un récit, une interaction entre locuteurs natifs

(8 pts)

Vous allez entendre l'enregistrement deux fois.
D'abord, vous aurez 30 secondes pour lire les questions.
Après les deux écoutes, vous aurez 30 secondes pour vérifier vos réponses.

Cochez la réponse exacte ou écrivez votre réponse.

1. Quel est le nombre de famille qui ont choisi Internet pour faire leurs courses ? ....

2. Remplissez la fiche correspondant au témoignage de Xavier.

(7 pts)

Prénom : *Xavier*..........................	Âge :	0,5 pt
Adresse : n° *Paris XXᵉ*.....	Profession :	0,5 pt
Situation de famille : ☐ Célibataire		
☐ Marié, nombre d'enfants		0,5 pt
Acheteur sur Internet depuis :		0,5 pt
Type de produits achetés sur Internet :		0,5 pt
Fréquence des achats :		0,5 pt
Montant des dépenses par mois :		0,5 pt
Produits non achetés en ligne :		
☐ gâteaux ☐ fruits ☐ steaks ☐ poissons		0,5 pt
Avantages à acheter en ligne :	Inconvénient :	3 pts
....	....	
....	....	

COMPRÉHENSION ÉCRITE

(20 pts)

Comprendre des textes factuels sur des sujets relatifs à son domaine et à ses intérêts, description d'événements, de sentiments, de souhaits ; localiser l'information cherchée dans un texte afin d'accomplir une tâche spécifique

Lisez les documents ci-dessous et répondez aux questions.

Lire pour s'orienter

(17 pts)

1

Stéphane Guignon raconte des histoires depuis son enfance.

Depuis cinq ans, il se consacre exclusivement à l'écriture. Avant, la journée, il travaillait comme conseiller financier et, la nuit, il écrivait. Quand il avait des idées qu'il voulait noter, il allait… dans la salle des coffres.

Stéphane fait une différence entre son entrée en littérature et la publication de son roman, « & ». Pour écrire, il faut s'engager et ne pas douter. Lui, il aurait pu douter de la réussite car il collectionne les refus des maisons d'édition : cinquante-trois au total pour trois manuscrits — deux recueils de nouvelles et son roman, ce dernier refusé douze fois. Mais, dès le début, il connaissait les obstacles vers l'édition : il n'avait aucune connaissance du milieu et aucun contact. « Je m'étais préparé statis-tiquement à ne jamais être publié ».

Heureusement, les éditions Au Diable Vauvert ont accepté son manuscrit. Tout s'est passé très vite. En novembre dernier, deux jours après l'envoi de son livre, le romancier a reçu un appel favorable. Une semaine plus tard, il signait son contrat. Mais le chemin parcouru jusque-là, il n'est pas prêt de l'oublier.

D'après À Nous Paris, février 2002

Entourez la lettre correcte.

1. Donnez un titre à cet article.

A. Un romancier célèbre raconte.
B. Un anonyme qui a failli le rester…
C. Novembre, le mois des prix littéraires !

2. Stéphane

A. a débuté dans la littérature à l'adolescence.
B. gagne sa vie grâce à ses romans depuis plus de cinq ans.
C. a abandonné son métier pour écrire.

3. Avant de pouvoir vivre de son talent, Stéphane était

A. veilleur de nuit dans une banque.
B. employé de banque.
C. secrétaire d'édition.

4. Stéphane

A. a tout de suite été édité grâce à son roman.
B. a connu beaucoup de difficultés pour se faire connaître.
C. a écrit deux nouvelles qui ont beaucoup de succès.

5. Selon Stéphane, pour réussir dans l'édition, il faut

A. avoir des relations.
B. envoyer des manuscrits tout le temps.
C. travailler dans la presse.

6. *Au Diable Vauvert*, c'est

A. le titre de son roman.
B. le prix qu'il a reçu.
C. le nom de sa maison d'édition.

7. Finalement, Stéphane éprouve

A. de l'amertume en pensant au passé.
B. des regrets de son enfance.
C. du stress face à la célébrité.

2

L'autre, c'est moi

Que de chemin parcouru depuis son départ du Maroc à l'âge de 16 ans ! En quelques années, le jeune Casablancais a imposé son univers, son langage et son goût pour le mime. Pas de doute, au milieu des humoristes talentueux du moment, Gad Elmaleh est bien notre préféré.

De spectacle en spectacle, il nous montre son talent : des textes maîtrisés à la perfection, un tempo comique infaillible. Le rire est au rendez-vous !

Il faut le voir décrire ce qu'il nomme les petites malchances du quotidien et les fragilités d'un homme… qui lui aussi marche dans la flaque d'eau de la salle de bains dès qu'il a mis ses chaussettes !

Si vous ne pouvez y assister faute de place, achetez vite le double DVD de *L'autre, c'est moi*. Vous y retrouverez le spectacle, mais aussi le reportage de la tournée et un sketch inédit en québécois, la « *Barrre de faire* » avec Jamel, son copain humoriste… Bref, les derniers gags de Gad !

Entourez la lettre correcte.

1. Quel autre titre conviendrait à cet article ?

A. Jamel et Gad deux comiques venus d'ailleurs.
B. Une interprétation réussie.
C. La chance était au rendez-vous.

2. Cet article est

A. un extrait de roman autobiographique.
B. un article sur la vie quotidienne des « people ».
C. une critique de spectacle.

3. Donnez 3 raisons de faire connaissance avec Gad.

A. la qualité de ses histoires
B. le rythme de sa représentation
C. son témoignage sur le Maroc
D. son talent de comique
E. sa façon de parler
F. son goût pour les tournées

Lire pour s'informer, discuter

(3 pts globaux)

Lisez ces quatre phrases et classez-les dans les cases ci-dessous pour reconstituer l'ordre du texte.

A. Mais le confort c'est aussi une technologie toujours en mouvement, qui vous offre de nouvelles façons de communiquer : avec la couverture réseau haut débit mobile, des services qui vous changent la vie s'offrent à vous, sur tout le territoire.

B. Vous aimeriez communiquer de n'importe où comme si vous étiez chez vous ?

C. Pour connaître la couverture du réseau de chaque endroit en France et à l'étranger, ou pour toute information relative à la couverture, rendez-vous sur notre site Internet, rubrique Espace@client, ou appelez gratuitement le 456, depuis votre portable en France.

D. Parce que ce confort passe d'abord par un réseau d'excellente qualité, nous vous accompagnons partout en France, mais également bien au-delà.

EXPRESSION ÉCRITE

(20 pts)

Écrire une lettre personnelle pour donner des nouvelles, décrire en détail expériences, sentiments et événements

Écrire un texte informel

(15 pts)

BAR-RESTAURANT ÉVÉNEMENTS

Au cœur du Quartier de Ménilmontant à Paris, le « lieu-dit » innove en ouvrant un petit bar-restaurant où l'on sait savourer autrement...

Cuisine savoureuse et diversifiée, cadre agréable pour prendre un verre...

Espace d'échange artistique, culturel, le « lieu-dit » propose régulièrement des projections de documentaires suivies de débat, des expositions, des spectacles de théâtre, poésie et de musique.

Adepte du partage de lecture, le « lieu-dit » fait aussi la promotion de livres différents, polémiques et met la presse nationale à la disposition de tous. C'est aussi un espace d'échange : il propose d'apporter un livre et d'en prendre un en échange.

Vous êtes allé(e) découvrir le « Lieu-dit ». Vous écrivez une lettre à un(e) ami(e) pour lui raconter votre soirée, ce que vous avez consommé, ce que vous avez vu, entendu, vos rencontres... vos impressions. Vous essayez de le (la) convaincre de venir avec vous la prochaine fois.

Avant de commencer, réfléchissez aux différents points demandés :

🎬 écrire un texte informel (registre et formules d'adresse) ;

🎬 raconter une soirée : le cadre, les consommations, les activités, les rencontres ;

🎬 donner ses impressions, exprimer son opinion (points positifs, points négatifs) ;

🎬 justifier son point de vue ;

🎬 convaincre.

Voici la grille qui va évaluer votre travail :

✓ **Adéquation au sujet**	**5 pts**
• Capacité à donner des informations sur l'événement : où, quand, qui...	1
• Capacité à faire un récit cohérent au passé	2
• Capacité à exprimer ses opinions ou sentiments	2
✓ **Lisibilité de la production**	**1 pt**
✓ **Compétence linguistique**	**9 pts**
• Exactitude morphosyntaxique	6
• Richesse et adéquation lexicale	3

Écrire un message pour demander une information ou expliquer un problème

(5 pts)

Vous rédigez un message court mais clair et précis (environ 50 mots) en relation avec la situation suivante :

Portables, caméras, puces... on nous surveille. Nous ne sommes jamais seuls. Dans la rue, dans le métro, au bureau ou au téléphone, caméras et autres dispositifs de surveillance ont un œil sur notre sécurité... et notre vie privée ! Souriez, on vous filme...

Écrivez un court texte pour le forum de discussion afin de dénoncer la situation, de manifester votre indignation et votre inquiétude devant ce phénomène.

....

....

....

....

Avant de commencer, réfléchissez aux différents points demandés :

- 𝄜 écrire un message formel ;
- 𝄜 dénoncer une situation ;
- 𝄜 exprimer son indignation ;
- 𝄜 exprimer son inquiétude.

Voici la grille qui va évaluer votre travail :

✓ Compétence fonctionnelle	3 pts
· Adaptation du message à la situation et à l'interlocuteur	1
· Maîtrise des actes de parole	2
✓ Compétence morphosyntaxique et lexicale	2 pts

EXPRESSION ORALE ET INTERACTION

(20 pts)

Faire un exposé sur un sujet familier. Raconter une histoire. Relater les détails essentiels d'un événement tel un accident, décrire un rêve, un espoir ou une ambition. Exprimer sa pensée, son point de vue, donner brièvement ses raisons et des explications. Interagir de façon simple.

Deux activités au choix.

Présentation/échange

Lisez ce document et présentez la situation des femmes en matière d'argent dans votre pays. Donnez votre point de vue sur ce fait de société.

Les dates de l'autonomie des Françaises en matière d'argent !

1907 Les femmes mariées peuvent disposer librement de leur salaire.

1938 Réforme des régimes matrimoniaux et fin de l'incapacité juridique de la femme. L'époux garde le droit d'autoriser l'exercice d'une activité professionnelle.

1943 Les femmes peuvent ouvrir un compte bancaire sans l'autorisation de leur mari... mais celui-ci conserve le droit de faire opposition !

1965 Les femmes obtiennent le droit de gérer leurs propres biens en pleine autonomie bancaire et boursière.

1966 La femme peut - enfin - exercer une activité professionnelle sans l'autorisation de son mari.

1983 Doubles signatures obligatoires sur la déclaration de revenus des couples mariés.

1985 Égalité des époux dans la gestion des biens de la famille (et des enfants).

Savoir-faire :

%% présenter un fait de société ;
%% exprimer son point de vue et justifier simplement.

Discussion/échange

Exprimez votre opinion sur ce phénomène. D'accord, pas d'accord... Discutez !

Tendance foot
Garçons et filles portent des maillots vintage au quotidien, adulent les gloires sportives du passé à l'allure de pop stars, les footballeurs comme d'autres sportifs deviennent icônes de la mode. Le ballon rond sort des stades pour occuper tous les champs de la société mais il reste un sport très masculin. D'un autre côté, la violence est toujours présente sur les stades....

Savoir-faire :

%% présenter le thème d'une discussion ;
%% exprimer un point de vue ;
%% argumenter très simplement en illustrant à l'aide d'exemples, d'expériences ;
%% répondre à des questions.

Voici la grille qui va évaluer votre travail :

✓ Capacité à communiquer	10 pts
· Adaptation à la situation proposée	3
· Adéquation des actes de parole	4
· Capacité à répondre aux questions de l'interlocuteur, à relancer l'échange	3
✓ Compétence linguistique	10 pts
· Phonétique	3
· Morphosyntaxique	4
· Lexicale	3

COMPRÉHENSION ORALE

(20 pts)

Discriminer des sons dans un texte

(5 pts)

Vous allez entendre un message une seule fois.
Vous avez devant vous la transcription de ce message. Quand vous avez le choix,
soulignez ce que vous entendez.

> **Exemple :** *(Ci-dessus / Ci-dessous), vous pouvez voir la compagnie (Dessanges / des Anges) (fin / fine) prête pour une parade intemporelle. Les femmes paraissent (jaunes / jeunes) dans (les / leurs) combinaisons futuristes !*

Le bricolage est à la mode : 10 % **des** / **de** bricoleurs le **sont** / **font** par obligation et 90 % par **désir** / **plaisir**. Pour 62 %, les motivations sont liées à l'amélioration **du** / **de** logement et, pour 38 %, à la réparation et à la rénovation **peu** / **pas** chères. Le jardin est maintenant perçu comme une autre pièce de la maison où l'on bricole. Il est un territoire de plus en plus féminin.

Discriminer les types de discours

(2 pts)

Après l'exemple, vous allez entendre une seule fois quatre courts extraits numérotés de 1 à 4.
Indiquez s'il s'agit d'un extrait d'informations publiques, d'échange formel, de publicité commerciale ou d'une conversation informelle.
Cochez la case correspondante.

	INFORMATIONS PUBLIQUES	ÉCHANGE FORMEL	PUBLICITÉ COMMERCIALE	CONVERSATION INFORMELLE
Exemple			✗	
Extrait 1				
Extrait 2				
Extrait 3				
Extrait 4				

Comprendre des informations d'intérêt général à la radio ou à la télévision

(8 pts)

Vous allez entendre trois extraits de radio.
Avant chaque extrait, vous aurez 10 secondes pour lire la (ou les) question(s) correspondante(s).
Vous entendrez chaque extrait deux fois.
Puis, vous aurez quelques secondes pour cocher ou noter votre réponse.
À la fin, vous aurez 30 secondes pour vérifier vos réponses.

Extrait 1

1. On annonce

A. le début de travaux d'aménagement d'une plage.
B. l'inauguration d'un parc d'attraction.
C. l'ouverture d'un centre nautique.

2. De quelle date parle-t-on ? ....

Extrait 2

Complétez le tableau du match.

CHANCE... MATCH DE LA DERNIÈRE CHANCE... MATCH	
NOM DES ÉQUIPES : ....*Nice*............	....
COULEURS DES MAILLOTS :	............*rouge*............
RÉSULTAT :	...............*4*...............

Extrait 3

1. Cette enquête porte sur la consommation

A. du café.
B. des sandwichs.
C. du pain.

2. On annonce une augmentation

A. de la fabrication.
B. des distributeurs automatiques.
C. des ventes.

3. Cette augmentation est de ....

Comprendre une courte interview, un récit, une interaction entre locuteurs natifs

(5 pts)

Vous allez entendre l'enregistrement deux fois. D'abord, vous aurez 30 secondes pour lire les questions. Après les deux écoutes, vous aurez 30 secondes pour vérifier vos réponses.

Entourez la lettre correcte ou écrivez votre réponse.

1. Cet auditeur témoigne pour

A. amuser les auditeurs.
B. demander de l'aide.
C. alerter d'un danger.

2. Voici 7 affirmations. Cochez-en 2 correspondant à son histoire.

A. Adrien est agriculteur dans une petite commune.
B. On a volé le tracteur d'Adrien.
C. Adrien a eu une amende en allant à Paris.
D. Adrien habite dans un village près de Paris.
E. Adrien a été victime d'une erreur administrative.
F. Adrien a eu un accident avec son tracteur.
G. Adrien a garé son tracteur dans une rue de Paris.

3. Quel est le numéro d'immatriculation du véhicule d'Adrien ?

....

4. Adrien est

A. révolté.
B. désespéré.
C. amusé.

COMPRÉHENSION ÉCRITE

(20 pts)

Comprendre des textes factuels sur des sujets relatifs à son domaine et à ses intérêts, description d'événements, de sentiments, de souhaits ; localiser l'information cherchée dans un texte afin d'accomplir une tâche spécifique

Lisez les documents ci-dessous et répondez aux questions.

Lire pour s'orienter

(17 pts)

1. Comprendre des articles de presse

(12 pts)

1

Commerce équitable, un geste militant : les people montrent l'exemple

Élan de solidarité : un peu partout dans le monde, les *people* ont répondu présents à l'appel des associations du commerce équitable. Un geste militant qui fait de plus en plus d'adeptes. Le commerce équitable entre dans les mœurs. Selon un sondage Ipsos réalisé en mai, 74 % des Français en ont entendu parler et 49 % ont ouvert leur porte-monnaie pour acheter un produit « éthique ».

Commerce solidaire : après la grande distribution et ses rayons de cafés, thés, épices… les grandes marques de mode s'y mettent. Enfin, les marques de produits de beauté s'engagent à leur tour dans ce domaine, et une maison d'édition publie un *Guide du shopping solidaire*.
En attendant le premier Salon international consacré au commerce équitable en octobre prochain…

D'après *Femme Actuelle*, 26 septembre 2005

Entourez la lettre correcte ou écrivez votre réponse.

1. Cet article est un article extrait de la rubrique :

A. Économie internationale
B. People
C. Consommation

2. Classez, dans le tableau ci-dessous, les idées exprimées dans l'ordre où elles se présentent dans l'article.

A. Inauguration d'une nouvelle manifestation mondiale.
B. Le commerce équitable touche les célébrités.
C. Un éditeur se joint à l'action militante.
D. Les habitudes évoluent en ce qui concerne le commerce équitable.
E. Un geste qui fait des adeptes dans de nombreux commerces.
F. Les consommateurs sont de plus en plus concernés.

1	2	3	4	5	6

2

Demain la belle...

On se régale chaque semaine des critiques culturelles de Bernard Thomas dans le quotidien *Le Canard enchaîné.* Sur la scène de l'Opéra Comique, il signe son premier spectacle musical, *Demain la belle...* Dans la ville de Marseille, depuis les années 30 jusqu'aux années 50, il raconte la vie de Marius Jacob, homme bien réel qui a inspiré le personnage d'Arsène Lupin, le célèbre gentleman cambrioleur de roman. C'est l'occasion pour la comédienne Sophie Duez de chanter pour la première fois sur une scène.

D'après *Elle à Paris,* février 2006

Entourez la lettre correcte.

1. *Demain la belle...* est

A. un roman policier.
B. un documentaire sur Marseille.
C. une comédie musicale.

2. La profession de Bernard Thomas est

A. comédien.
B. journaliste.
C. metteur en scène.

3. Marius Jacob est le nom

A. d'un personnage de roman policier.
B. d'un Marseillais du siècle dernier.
C. d'un auteur de roman policier.

4. Sophie Duez est

A. l'interprète d'un spectacle.
B. une chanteuse célèbre.
C. un personnage de *Demain la belle...*

5. L'auteur de l'article

A. est très enthousiaste.
B. critique sévèrement *Demain la belle...*
C. n'exprime aucune opinion.

2. Identifier des écrits

(5 pts)

Voici six écrits. D'où sont-ils extraits ?
Notez la lettre correspondant au type d'écrits dans le tableau ci-dessous.

1. Branchez votre appareil. Appuyez sur le bouton pour mettre en route.

2. Nos conseillers sont à votre disposition du lundi au samedi de 8 h à 21 h pour répondre à toutes vos questions.

A. Magazine de jeux

3. Pour simplifier à l'avenir le règlement de vos communications nationales et internationales, pensez au prélèvement automatique et au paiement en ligne.

B. Catalogue de vente

C. Mode d'emploi

4. Bénéficiez de 5 % de remise sur votre commande passée au plus tard samedi prochain. Cette remise ne s'applique pas aux boissons.

D. Dépliant bancaire

E. Facture de téléphone

5. Prenez un à deux comprimés avec un grand verre d'eau à chaque repas.

F. Notice de médicament

6. Rayez, dans la grille, les mots de la liste. Vous pouvez lire les mots horizontalement, verticalement et diagonalement.

1	2	3	4	5	6
C					

Lire pour s'informer, discuter

(3 pts globaux)

Lisez ces cinq parties d'article et classez-les dans les cases ci-dessous pour reconstituer l'ordre du texte.

A. Les plus nombreux et violents venaient de *Fontenay-Vélo*. Ils se plaignent que les nombreux projets sont sans cesse reportés ou trop timides.

B. La météo était épouvantable. En conséquence, les manifestants étaient trois fois moins nombreux que l'an dernier. Sous un ciel bien sombre et une petite pluie, une petite cinquantaine de défenseurs du vélo se sont retrouvés ce week-end pour une *manif-balade* à travers la ville.

C. But de leur escapade festive et revendicative : inciter leurs responsables de la ville à développer les pistes cyclables.

D. Manifestation pour donner plus de place au vélo !

E. Par ailleurs, le président de *Vivre à vélo en ville* constate, lui, que le réaménagement du centre-ville a fait reculer la voiture, mais a créé des contraintes pour les deux-roues. Espérons que cette manifestation fera bouger les choses !

D'après *Le Matin*, 17 mai 2005

EXPRESSION ÉCRITE

(20 pts)

Écrire une lettre personnelle pour donner des nouvelles, décrire en détail expériences, sentiments et événements

(15 pts)

Voyagez, l'esprit libre...

Cette année, c'est décidé, vous partez en voyage organisé. Vous n'avez qu'à choisir votre destination, le tour-opérateur s'occupe du reste et, pour vous, c'est la solution sans souci ! Nous vous proposons des séjours dans des lieux insolites, des circuits originaux... Des vacances comme vous n'en avez jamais vécu et qui étonneront vos amis à votre retour : dépaysement assuré !

Evavoyages.com

Séduit(e) par cette publicité, vous avez réservé vos vacances avec Evavoyages...
et le dépaysement était bien au rendez-vous ! À votre retour, vous écrivez une lettre au tour-opérateur pour le féliciter et le remercier de cette expérience unique.
Vous lui rappelez ce que vous aviez choisi, vous lui dites ce que vous avez particulièrement apprécié et les points que vous aimeriez améliorer.

Avant de commencer, réfléchissez aux différents points demandés :

- écrire une lettre formelle ;
- féliciter ;
- remercier ;
- faire un récit de vacances au passé ;
- exprimer une opinion positive ;
- exprimer une opinion nuancée.

Voici la grille qui va évaluer votre travail :

✓ Adéquation au sujet	5 pts
• Capacité à donner des informations sur l'événement : où, quand, qui...	1
• Capacité à faire un récit cohérent au passé	2
• Capacité à exprimer ses opinions ou sentiments	2
✓ Lisibilité de la production	1 pt
✓ Compétence linguistique	9 pts
• Exactitude morphosyntaxique	6
• Richesse et adéquation lexicale	3

Bilan 4

Écrire un message pour demander une information ou expliquer un problème

(5 pts)

📨 Envoyer maintenant 🔾⊳ 📑 🔗 ▾ 🗑 📎 ✏ ▾ 📋 Options ▾ 🔁 🎞 Insérer ▾ ☷ Catégories ▾

Bonjour,

Je dois partir d'urgence pour un stage de trois semaines en Angleterre. Peux-tu t'occuper de mon chat et de mes plantes pendant mon absence ? Il faudrait aussi m'envoyer mon courrier.

Réponds-moi vite car je pars la semaine prochaine. Bisous.

Stéphanie

Vous avez reçu ce message d'une amie. Vous aussi, vous devez partir mais seulement quelques jours, vous lui répondez pour vous excuser et lui expliquer ce que vous pouvez faire et ne pas faire pour elle, et pourquoi. Vous rédigez un message court, mais clair et précis (environ 50 mots).

📨 Envoyer maintenant 🔾⊳ 📑 🔗 ▾ 🗑 📎 ✏ ▾ 📋 Options ▾ 🔁 🎞 Insérer ▾ ☷ Catégories ▾

....
....
....
....
....
....
....
....
....

Avant de commencer, réfléchissez aux différents points demandés :

- écrire un message amical ;
- s'excuser ;
- justifier ses excuses ;
- proposer une aide.

Voici la grille qui va évaluer votre travail :

✓ Compétence fonctionnelle	3 pts
• Adaptation du message à la situation et à l'interlocuteur	1
• Maîtrise des actes de parole	2
✓ Compétence morphosyntaxique et lexicale	2 pts

EXPRESSION ORALE ET INTERACTION

Faire un exposé sur un sujet familier. Raconter une histoire. Relater les détails essentiels d'un événement tel un accident, décrire un rêve, un espoir ou une ambition. Exprimer sa pensée, son point de vue, donner brièvement ses raisons et des explications. Interagir de façon simple

Deux activités au choix.

Présentation/échange

Que pensez-vous du phénomène décrit ci-dessous ? Êtes-vous pour ou contre ? Expliquez-en les causes et les conséquences. Dans votre pays que font les citadins pour échapper à la vie en ville ?

> En France,
> le déjeuner sur l'herbe
> gagne le bitume.
> Convivial et branché,
> c'est le nouveau rituel
> des citadins en manque
> d'oxygène.

Savoir-faire :

- parler d'un phénomène de société ;
- exprimer une opinion simple, son accord, son désaccord ;
- expliquez les causes et les conséquences ;
- justifier simplement.

Discussion/échange

Lisez ce quiz pour tester vos droits et obligations en matière de blog. Répondez vrai *ou* faux *aux affirmations. Demandez les réponses à votre enseignant et exprimez votre point de vue, accord ou désaccord. Échangez avec vos camarades.*

Les blogs, ça passe ou ça casse !

Les journaux intimes de collégiens et lycéens arrivent sur Internet, illustrés parfois de propos injurieux et de photos « volées ». Jusqu'où ne pas aller ? Répondez *vrai* ou *faux* au quiz de notre spécialiste.

1. J'ai le droit d'exprimer mes opinions sur Internet en créant mon journal intime.
2. Raconter ma vie au lycée sur Internet, ce n'est pas interdit.
3. Pour autant, je ne risque pas une exclusion définitive.
4. La pratique du blog reste marginale.
5. Je ne risque quand même pas de poursuites pénales.
6. Pourtant, ce que j'écris sur mon blog, c'est ni plus ni moins que ce qui se dit dans la cour de récré.
7. C'est facile d'avoir son propre blog.

Voici la grille qui va évaluer votre travail :

✓ Capacité à communiquer	10 pts
· Adaptation à la situation proposée	3
· Adéquation des actes de parole	4
· Capacité à répondre aux questions de l'interlocuteur, à relancer l'échange	3
✓ Compétence linguistique	10 pts
· Phonétique	3
· Morphosyntaxique	4
· Lexicale	3

Savoir-faire :

- répondre à un quiz ;
- discuter, exprimer son point de vue ;
- expliquer des raisons et des conséquences ;
- illustrer son opinion à l'aide d'exemples ;
- répondre à des questions.

Niveau A2 du Cadre européen commun de référence pour les langues

NATURE DES ÉPREUVES

Compréhension de l'oral

Réponse à des questionnaires de compréhension portant sur trois ou quatre très courts documents enregistrés ayant trait à des situations de vie quotidienne (deux écoutes)

25 min environ

/25

Compréhension des écrits

Réponse à des questionnaires de compréhension portant sur trois ou quatre documents écrits ayant trait à des situations de la vie quotidienne

30 min

/25

Production écrite

Rédaction de deux brèves productions écrites (lettre amicale ou message) :
– décrire un événement ou des expériences personnelles
– écrire pour inviter, remercier, s'excuser, demander, informer, féliciter...

45 min

/25

Production orale

Épreuve en trois parties :
– entretien dirigé
– monologue suivi
– exercice en interaction

6 à 8 min
préparation 10 min

/25

Note totale : /100

COMPRÉHENSION DE L'ORAL

25 points

Vous allez entendre trois enregistrements correspondant à trois documents différents.
Pour chaque document, vous aurez :
– 30 secondes pour lire les questions ;
– une première écoute, puis 30 secondes de pause pour commencer à répondre aux questions ;
– une deuxième écoute, puis 30 secondes de pause pour compléter vos réponses.

Exercice 1

6 points

Répondez aux questions en cochant (X) la bonne réponse, ou en écrivant l'information demandée.

Première partie de l'enregistrement :

1. Vous téléphonez au cabinet du Docteur Leroy. Vous entendez un message sur le répondeur. C'est lundi midi et vous voulez consulter le médecin, à quelle heure pouvez-vous vous rendre au cabinet ?   2 points

Entre .... et ....

2. Vous voulez voir un médecin de toute urgence, quel numéro appelez-vous ?   2 points

03 ....

Deuxième partie de l'enregistrement :

3. La personne prend un rendez-vous avec le médecin   1 point

☐ mardi matin.
☐ mardi après-midi.
☐ jeudi matin.
☐ jeudi après-midi.

4. Quel est le nom de la personne qui téléphone ?   1 point

..Mme...............................

Exercice 2   7 points

Répondez aux questions en cochant (X) la bonne réponse, ou en écrivant l'information demandée.

1. De quel vol parle-t-on ?   2 points

Vol n°	Destination
AF.............	....

2. Que dit-on de ce vol ?   1 point

☐ Il est reporté au lendemain.
☐ Il partira plus tard.
☐ Il a été détourné sur un autre aéroport.

3. Pourquoi ?   1 point

☐ Il y a une grève des pilotes.
☐ Le moteur est en panne.
☐ Le temps est mauvais.

4. On demande aux passagers   1 point

☐ de s'informer sur les autres vols.
☐ de reprendre leurs bagages.
☐ d'attendre dans l'aéroport.

5. Où ? ....   2 points

Exercice 3   12 points

Vrai, Faux, On ne sait pas ? Cochez (X) la case correspondante.

	Vrai	Faux	On ne sait pas
1. Le client vient d'arriver en voiture.			
2. Il y a une erreur par rapport à sa réservation.			
3. La chambre ne correspond pas au prix annoncé.			
4. L'employée discute avec le directeur de l'hôtel.			
5. Il y a une chambre à deux lits dans l'hôtel voisin.			
6. On lui propose une chambre plus chère.			

COMPRÉHENSION DES ÉCRITS

25 points

Exercice 1

5 points

Voici cinq produits ou objets rencontrés à la maison. Indiquez, dans le tableau ci-dessous, la lettre de la phrase qui correspond au produit ou objet. Attention, il y a plus de phrases que de produits ou objets !

A.

Appellation Côtes du Rhône villages contrôlée ; mis en bouteille au domaine ; à consommer avec modération

B.

Répartir sur cheveux mouillés, masser, rincer abondamment ; en cas de projection dans les yeux, rincer immédiatement

C.

Ne pas laisser à la portée des enfants ; respecter la posologie médicale ; lire attentivement la notice avant l'utilisation

D.

DOSETTES À UTILISER EXCLUSIVEMENT AVEC LES CAFETIÈRES EXPRESSO QUI FONCTIONNENT AVEC DES DOSETTES SOUPLES

E.

Rincez et séchez les courgettes ; coupez-les en rondelles	fines ; plongez-les dans l'eau bouillante salée

F.

NE JAMAIS METTRE EN MARCHE LORSQUE LE BOL N'EST PAS FERMÉ ; BRANCHEZ L'APPAREIL ; DÉBRANCHEZ-LE AVANT DE LE NETTOYER

G.

Pour éviter les brûlures domestiques, éloignez les enfants de la porte pendant la cuisson.

H.

Récipient sous pression à protéger contre les rayons du soleil ; ne pas vaporiser vers une flamme

1. Médicament	
2. Robot ménager	
3. Four	
4. Shampoing	
5. Aérosol	

Exercice 2
6 points

*Lisez chaque titre et inscrivez le chiffre qui lui correspond dans la rubrique appropriée :
politique, culture, société, sciences, sports, économie.*

1 *Les prochains championnats de France d'athlétisme auront lieu à Dinan.*

4 CHIRURGIE : QUAND ON PEUT SORTIR LE SOIR MÊME DE L'HÔPITAL !

2 Les petites entreprises sont de retour sur les marchés boursiers.

5 *Un Monde meilleur* : le dernier Le Clézio, la richesse d'un écrivain voyageur...

3 Transports : les députés votent aujourd'hui une loi anti-pollution.

6 *Les emplois pour les sans-diplôme se développent.*

Politique	Culture	Société	Sciences	Sports	Économie

Exercice 3
9 points

Lisez le texte, puis répondez aux questions.

Le Cirque du soleil entre en piste

De passage en Europe, la troupe fait un arrêt près de Paris et propose son dernier spectacle *Saltimbanco*. Magique ! Avec trois mille employés de quarante nationalités, *Le Cirque du soleil*, créé au Québec en 1984, est l'une des plus étonnantes compagnies artistiques au monde. Une réputation qui lui vaut d'avoir déjà attiré plus 42 millions de spectateurs sur la planète.

Après avoir enchaîné les tournées aux États-Unis, au Japon et au Mexique, la troupe s'installe en France près de Paris. L'occasion de découvrir leur superbe spectacle *Saltimbanco*, joué pendant deux mois jusqu'au 3 juillet. Un événement ! Pendant deux heures, une cinquantaine d'artistes âgés de 7 à 49 ans se relaient sur la piste, accompagnés par des musiciens en direct. Un spectacle à couper le souffle, composé d'une série de tableaux, gymnastes, comédiens… Autant de saltimbanques aux costumes fous qui évoluent dans un décor magique ! On adore.

D'après *Femme Actuelle*, 1er mai 2005

Cochez la bonne réponse.

1. Cet article est

☐ l'histoire d'une troupe de comédiens.
☐ une critique artistique.
☐ une publicité commerciale.

2. *Le Cirque du soleil* est une troupe

☐ européenne.
☐ canadienne.
☐ internationale.

3. Les spectateurs ont déjà pu voir Saltimbanco

☐ en France.
☐ dans le monde entier.
☐ dans trois pays.

4. Cochez la colonne Vrai ou Faux. Justifiez votre réponse en citant une phrase ou une expression du texte.   6 points

	Vrai	Faux
1. *Saltimbanco* se compose de 3000 comédiens. **Justification :**		
2. Des sportifs font partie du spectacle. **Justification :**		
3. Les comédiens portent des tenues classiques. **Justification :**		
4. L'auteur de l'article apprécie beaucoup ce travail. **Justification :**		

Exercice 4   5 points

Vous venez de recevoir ce message sur votre ordinateur. Répondez aux questions.

✉ Envoyer maintenant 🔁 📇 🔗 ▾ 🗑 📎 ✒ ▾ 📧 Options ▾ 🎞 Insérer ▾ ▤ Catégories ▾

Aujourd'hui, associée au numéro 1 américain du voyage, la SNCF (Société des Chemins de fer français) vend maintenant séjours et billets d'avion à prix ultra compétitifs (300 euros la semaine au Maroc, par exemple).
Côté train, il y a toujours des promotions chaque mardi pour les billets du week-end suivant (jusqu'à 50 %). Ces billets partent vite, alors mieux vaut se connecter sur le site avant 10 h le matin !

voyages-sncf.com

Cochez la bonne réponse.

1. Que dit-on à propos de la SNCF ?

☐ Une société américaine vient de racheter la SNCF.
☐ Ses ventes ont diminué de 50 %.
☐ Elle a trouvé un nouveau partenaire.

3. Si on est intéressé, il faut

☐ se connecter le week-end.
☐ réserver tôt le matin.
☐ téléphoner le mardi.

2. Selon le document, quels services propose la SNCF ? (3 réponses)

☐ la location de vélos pour les randonneurs
☐ des cabines-lits confortables pour les voyages de nuit
☐ un service de restauration très bon marché
☐ la possibilité de réserver sur Internet
☐ des forfaits (hôtel et transport) à l'étranger
☐ une sécurité renforcée dans les trains
☐ des vols à tarif réduit tous les mardis
☐ la livraison des bagages à domicile même à l'étranger
☐ des billets sur ses lignes à prix intéressants
☐ une assurance 50 % moins chère le week-end

PRODUCTION ÉCRITE

Exercice 1

25 points
13 points

Société de production de cinéma
nous recherchons
pour notre prochain film
un appartement avec jolie vue
(grand séjour + balcon ou terrasse)

Vous avez proposé votre appartement pour le film de cette annonce et la société de production a accepté. Vous écrivez une lettre à un(e) ami(e) (60 à 80 mots) pour lui raconter l'histoire du film. Vous lui racontez aussi comment s'est passé le tournage avec les acteurs et les techniciens. Vous lui dites vos impressions.

....
....
....
....
....
....
....
....
....
....
....
....
....

Exercice 2 12 points

> *Coucou,*
>
> *J'ai participé au Grand Jeu de l'été et j'ai gagné un voyage pour deux personnes au bord de la mer en France !*
>
> *Je t'invite à venir avec moi. Réponds-moi vite !*
>
> *Je t'embrasse.*
>
> *Claude*

Vous avez reçu cette invitation. Vous répondez à Claude (60 à 80 mots) : vous le remerciez, mais vous ne pouvez pas accepter son invitation. Vous expliquez pourquoi et vous lui proposez autre chose.

PRODUCTION ORALE

L'épreuve se déroule en trois parties : un entretien dirigé, un monologue suivi et un exercice en interaction.
Elle dure de 6 à 8 minutes. Vous disposez de 10 minutes de préparation pour les parties 2 et 3.

Entretien dirigé (1 minute et 30 secondes environ)
Vous vous présentez en parlant de votre famille, de votre profession, de vos goûts... L'examinateur vous pose des questions complémentaires sur ces mêmes sujets.

Monologue suivi (2 minutes environ)
Vous répondez aux questions de l'examinateur. Ces questions portent sur vous, vos habitudes, vos activités, vos goûts...

Exercice en interaction (3 ou 5 minutes environ)
Vous devez simuler un dialogue avec l'examinateur afin de résoudre une situation de la vie quotidienne. Vous montrez que vous êtes capable de saluer et d'utiliser des règles de politesse.

1.
Vous allez dans une agence de voyage. Vous vous informez sur les séjours d'une semaine pour la destination que vous voulez. Vous interrogez l'employé sur les lieux, les prix, les dates, l'hébergement, les activités...
L'examinateur joue le rôle de l'employé.

2.
Vous allez dîner au restaurant. Vous vous informez sur le menu, les plats. Vous commandez. Vous vous plaignez car il y a un problème pendant le repas.
L'examinateur joue le rôle du serveur.

3.
Vous voulez vous inscrire dans une école pour suivre une formation. Vous vous présentez, vous expliquez ce que vous souhaitez, vous vous informez sur la formation.
L'examinateur joue le rôle de l'employé du bureau des inscriptions.

4.
Vous cherchez un cadeau pour un(e) ami(e). Vous vous informez sur les objets, vêtements que vous voyez, leur prix, leur fonction... Vous demandez conseil au vendeur.
L'examinateur joue le rôle du vendeur.

COMPRÉHENSION DE L'ORAL

25 points

Vous allez entendre trois enregistrements correspondant à trois documents différents.
Pour chaque document, vous aurez :
– 30 secondes pour lire les questions ;
– une première écoute, puis 30 secondes de pause pour commencer à répondre aux questions ;
– une deuxième écoute, puis 30 secondes de pause pour compléter vos réponses.

Exercice 1

5 points

Répondez aux questions en cochant (X) la bonne réponse, ou en écrivant l'information demandée.

Première partie de l'enregistrement :

1. Vous téléphonez à la Compagnie Air France et vous entendez le message suivant sur le serveur vocal.
Sur quelle touche appuyez-vous pour vous renseigner sur les dates et les prix des vols ?

Touche n° ....

1 point

Deuxième partie de l'enregistrement :

2. Vous êtes intéressé(e) par les promotions de mars, vous pouvez partir à Lisbonne ?

2 points

☐ vrai
☐ faux
☐ On ne sait pas.

3. Le vol Paris-Athènes coûte

2 points

☐ cent euros.
☐ cent vingt euros.
☐ cent cinquante euros.

Exercice 2   8 points

Répondez aux questions en cochant (X) la bonne réponse, ou en écrivant l'information demandée.

1. Voici le programme de France 2. Pour quel jour ?

....

2. À quelle heure passe *Vacances au soleil* ?

....

3. Il s'agit

☐ d'un film.
☐ d'un documentaire.
☐ d'une série.

4. À dix heures et demie, qu'annonce-t-on ?

☐ un jeu de découverte
☐ un reportage sur les fonds sous-marins
☐ un entretien avec un scientifique

Exercice 3   12 points

Vrai, Faux, On ne sait pas ? Cochez (X) la case correspondante.

	Vrai	Faux	On ne sait pas
1. La conversation a lieu au téléphone.			
2. Le numéro de M. Gueguen est le 31 18 99 42.			
3. M. Gueguen a commandé un vêtement de sport.			
4. M. Gueguen fait toujours ses achats à Sportmode.			
5. La société Sportmode a fait une erreur de couleur.			
6. M. Gueguen doit payer 50 euros de frais.			

COMPRÉHENSION DES ÉCRITS

25 points

Exercice 1

5 points

Voici huit petites annonces.
Que recherchent ces personnes ? Associez ce qu'elles recherchent à la petite annonce
qui correspond. Pour les thèmes d'annonces 1 à 5, indiquez, dans le tableau ci-dessous, la lettre
correspondante.

A.
Je désire organiser une fête bretonne
pour mon anniversaire.
Aussi, je recherche des idées de plats typiques.
Isabelle.

B.
Je recherche quelqu'un
qui a travaillé aux établissements
Legras à Sèvres en 1970 pour m'aider
à compléter mon CV, merci.
Françoise.

C.
Bouge-toi !
C'est le nom de notre
association.
Nous avons besoin de
tissus, de laine… pour
occuper des enfants
de 4 à 13 ans. Merci
de votre générosité.

D.
Donne jeune chaton noir
et blanc de 9 mois, vacciné,
très câlin, joueur,
sociable avec les enfants.

01 10 00 45 89

E.
Bord de mer. Août, loue
villa 120 m² + garage.
Tt confort 6 pers.
Terrasse.
1 550 euros la semaine.
06 35 08 45 12

F.
Deux pièces, entrée,
Cuis., wc, douche,
chf central.
49 000 euros.

01 76 98 34 92

G.
Recherche JF très responsable,
ref. exigées, sortie école, devoirs et
dîner pour petit de 9 ans. Lundi,
mardi et jeudi 16 h à 19 h.
Stéphanie

H.
Initiation anglais,
stages d'été du 5 au 17
août, 3 h/jour 2 semaines
280 euros, mini-groupes.
01 78 56 43 21

1. une location de vacances	
2. un emploi	
3. une formation	
4. une aide bénévole	
5. une idée recette	

Exercice 2   6 points

Lisez chaque titre et inscrivez le chiffre qui lui correspond dans la rubrique appropriée :
politique, culture, consommation, sciences, sports, économie.

1 LA QUALITÉ DES ALIMENTS EST À LA HAUTEUR DU PRIX... SOUVENT FAIBLE.

4 Faut-il payer une taxe pour la musique sur Internet ?

2 LA HAUSSE CONTINUE, LES PRIX DE L'IMMOBILIER ANCIEN ONT PROGRESSÉ EN FRANCE.

5 LE PREMIER MINISTRE FAIT LA PROMOTION DES FEMMES.

3 Versailles, capitale mondiale de la voiture du futur.

6 Rencontre des clubs de St Germain et Poissy au stade Mary samedi 11 mars à 15 heures.

Politique	Culture	Consommation	Sciences	Sports	Économie

Exercice 3   9 points

Lisez le texte, puis répondez aux questions.

Imaginez... Paris, 7 h du matin, 800 passagers se pressent au pied de la passerelle du nouvel A607. Avec ses 71 m de long, 24 m de haut et ses deux ponts, cet appareil est sans aucun doute le plus gros de toute l'histoire pour le transport de voyageurs. Ainsi, par exemple, sur le vol Paris-Bangkok (sans escale !), les passagers se reposent dans des cabines lit ou prennent un verre au bar panoramique. Et, pour ne pas s'ennuyer, ils dépensent leurs euros au casino ou font de l'exercice dans la salle de sport. On en rêvait !

D'après *Femme Actuelle*,
23 juillet 2003

Cochez la bonne réponse.   3 points

1. Ce document parle

☐ d'un nouveau type d'avion.
☐ d'une nouvelle navette spatiale.
☐ d'une nouvelle ligne aérienne.

2. Qu'est-ce qui en fait une nouveauté ? (2 réponses)

☐ son prix
☐ sa sécurité
☐ sa vitesse
☐ son confort
☐ sa taille
☐ son respect de l'environnement

3. Cochez la colonne Vrai ou Faux. Justifiez votre réponse en citant une phrase ou une expression du texte.

6 points

	Vrai	Faux
1. Les personnes peuvent y jouer à des jeux de hasard. Justification :		
2. Il y a des cabines d'essayage comme dans les magasins. Justification :		
3. On peut se détendre en faisant de la gymnastique. Justification :		
4. C'est un rêve qui n'existe encore que dans la tête des ingénieurs. Justification :		

Exercice 4

5 points

Vous venez de recevoir ce message sur votre ordinateur. Répondez aux questions.

Envoyer maintenant   Options ▼   Insérer ▼   Catégories ▼

Dimanche prochain, venez nombreux à la fête des champignons à Vitry. Le matin, une cueillette sera organisée et le panier le plus lourd fera gagner un vélo à son heureux propriétaire. À midi, vous pourrez déguster votre cueillette et de nombreuses spécialités gastronomiques locales, et assister à différents spectacles donnés par les jeunes de Vitry. Enfin, le soir, à 23 h 45, grand feu d'artifice pour clôturer la fête.
Alors rappelez-vous, nous vous attendons dimanche prochain, à Vitry !

Cochez la bonne réponse ou écrivez votre réponse.

1. Il s'agit

☐ d'un message publicitaire.
☐ d'une information municipale.
☐ d'une lettre amicale.

2. La fête aura lieu

1 point

Quand ?	Où ?
....	à ....

3. Que pourra-t-on faire ? (2 réponses)

☐ participer à un jeu   ☐ pêcher dans le lac
☐ danser   ☐ manger des champignons
☐ acheter des produits locaux

4. Quel événement finira la journée ? ....

PRODUCTION ÉCRITE

Exercice 1

25 points
13 points

**Chambre avec vue
sur les fonds sous-marins...**
Vous êtes très fatigué et déprimé ?
Vous avez une formidable envie de changer d'air ?
Partez en Floride. Le Jule's Undersea Lodge,
ancienne base sous-marine pour missions scientifiques,
est aujourd'hui un hôtel pas comme les autres
à six mètres de profondeur sous la mer.

Vous passez vos vacances dans cette base sous-marine transformée en hôtel touristique.
Vous écrivez un mél à un(e) ami(e) (60 à 80 mots) pour lui dire où vous êtes, ce que vous avez déjà fait depuis votre arrivée, vos activités pour les jours prochains. Vous parlez de vos impressions, ce que vous aimez ou n'aimez pas dans cette expérience.

📧 Envoyer maintenant · Options ▼ · Insérer ▼ · Catégories ▼

Exercice 2   12 points

> Chère Dominique,
> J'organise une petite soirée chez moi pour fêter
> le début des vacances et mon anniversaire,
> samedi prochain à partir de 21 heures.
> Il y aura une vingtaine d'amis, chacun participe
> soit à la musique, soit au repas...
> Je compte sur toi pour venir, je t'attends.
>
> Florence

Vous êtes Dominique et vous avez reçu cette petite carte de Florence. Vous lui écrivez une lettre (60 à 80 mots) pour la remercier et lui dire si vous viendrez ou non.
Si c'est oui, vous lui demandez trois autres renseignements sur la fête et vous lui expliquez comment vous participerez à la préparation. Mais, si vous ne pouvez pas venir, vous vous excusez et vous dites pourquoi.

PRODUCTION ORALE

25 points

L'épreuve se déroule en trois parties : un entretien dirigé, un monologue suivi et un exercice en interaction.
Elle dure de 6 à 8 minutes. Vous disposez de 10 minutes de préparation pour les parties 2 et 3.

Entretien dirigé (1 minute et 30 secondes environ)
Vous vous présentez en parlant de votre famille, de votre profession, de vos goûts... L'examinateur vous pose des questions complémentaires sur ces mêmes sujets.

Monologue suivi (2 minutes environ)
Vous répondez aux questions de l'examinateur. Ces questions portent sur vous, vos habitudes, vos activités, vos goûts...

Exercice en interaction (3 ou 5 minutes environ)
Vous devez simuler un dialogue avec l'examinateur afin de résoudre une situation de la vie quotidienne. Vous montrez que vous êtes capable de saluer et d'utiliser des règles de politesse.

1.
Vous avez acheté un CD dans un magasin. Mais, arrivé(e) chez vous, il ne marche pas. Vous retournez au magasin pour le rendre. Vous expliquez votre problème et vous discutez avec le vendeur pour l'échanger ou le faire rembourser.
L'examinateur joue le rôle du vendeur.

2.
Vous téléphonez à un(e) ami(e) pour passer la soirée avec elle/lui. Vous discutez des sorties possibles, des heures et lieux de rendez-vous. Vous vous mettez d'accord.
L'examinateur joue le rôle de l'ami(e).

3.
Vous téléphonez à un hôtel pour faire une réservation. Vous demandez quelques renseignements sur l'hôtel, les prix... Vous réservez une chambre. Vous précisez le nombre de personnes, les dates, le type de chambre que vous voulez...
L'examinateur joue le rôle de l'employé des réservations.

4.
Dans une librairie, vous voulez acheter un livre. Vous expliquez au vendeur le type de livres que vous aimez, ce que vous détestez, ce que vous cherchez pour le moment. Vous demandez des informations sur les prix...
L'examinateur joue le rôle du vendeur.

CORRIGÉS
&
TRANSCRIPTIONS

BILAN 1
DOSSIERS 1, 2, 3

COMPRÉHENSION ORALE

Discriminer des sons

phrases identiques : 1, 5
phrases différentes : 2, 3, 4, 6

Exemple : Nous aimons le soir.
1. Tu as vu cette vague !
2. C'est vraiment une bonne glace.
3. Il est trop chaud.
4. Quel beau teint !
5. Il doit vendre ce bois.
6. Tu as bu la tasse.

Comprendre des messages sur répondeur

Extrait 1
1. B – 2. C
Extrait 2
B
Extrait 3
1. Motif du rendez-vous : entretien / Date : jeudi 16 –
2. 33 76 24 89
Extrait 4
Type de documents : billets d'avion – Date de retrait : 6 mai

_____ TRANSCRIPTIONS

Extrait 1
– Mathieu, c'est Stéphanie. Pour ce soir il y a un problème. J'ai une réunion qui va durer. Ne m'attends pas pour dîner, on se retrouve directement au ciné vers 21 h. Je pense à toi, tu me manques !
Extrait 2
– Alain, juste pour te rappeler que c'est toi qui apportes les assiettes et les verres pour la soirée. On sera 25 ! À demain.
Extrait 3
– Mlle Janot, votre candidature a retenu notre attention. Nous vous proposons un entretien avec M. Ackman, notre directeur du personnel, jeudi 16 à 14 h 30. Veuillez confirmer votre présence auprès de notre secrétariat au 01 33 76 24 89.
Extrait 4
– M. Grand, bonjour, nous vous informons que vous pouvez retirer vos billets d'avion pour Athènes demain 6 mai à partir de 16 h dans notre agence Gambetta. Nous vous souhaitons un bon voyage.

Comprendre une interaction entre locuteurs natifs...

1. B – 2. C – 3. Christophe : 23 ans, 1, 4 – Catherine : 34 ans, 1, 4 – Claudine : 25 ans, 2, 4 – Romain : 18 ans, 3 – Karim : 19 ans, 2 – 4. Karim – Christophe – Catherine

_____ TRANSCRIPTION

Cécile – Bonjour, je m'appelle Cécile et je suis enquêtrice pour la SOFRES. Voulez-vous répondre à quelques questions sur vos activités de vacances ?
Christophe – Bien sûr, mais pas trop longtemps ! Qu'est-ce que vous voulez savoir ?
Cécile – Voilà, quelles sont vos lectures de vacances ? Lisez-vous des bandes dessinées ? Si oui, lesquelles ? Sinon pourquoi ?
Christophe – Moi, c'est Christophe, 23 ans. J'ai toujours lu des bandes dessinées, j'aime ça, surtout les BD de science-fiction. J'en dévore environ quatre ou cinq par mois. Mais je lis aussi des romans. Pour moi ça n'est pas incompatible.
Catherine – Je m'appelle Catherine, j'ai 34 ans. J'ai deux enfants. Alors, les bandes dessinées j'en achète beaucoup et j'en prends aussi à la bibliothèque, *Tintin*, et d'autres plus récentes, parce qu'elles sont bien faites et drôles. Quand la BD est bonne, c'est une véritable littérature.

Claudine – J'ai 25 ans et je m'appelle Claudine. Moi, je ne suis pas une grande lectrice de BD surtout pendant les vacances. La dernière que j'ai lue concernait mon métier, ça s'appelle *Les Femmes en blanc*. J'aime beaucoup les bandes dessinées drôles. J'en offre beaucoup à mes petits neveux.

Romain – Moi, c'est Romain, 18 ans. Pendant les vacances, je préfère les BD qui sont assez courtes, qu'on lit vite. Surtout les bandes dessinées humoristiques. Quand j'étais plus petit, je lisais plutôt les classiques genre *Astérix et Obélix* ou *Tintin*. Aujourd'hui, c'est plutôt les BD comme celles de Reiser ou encore les *Bidochon* que je trouve très drôles. La BD c'est très important.

Karim – Je m'appelle Karim, j'ai 19 ans. Non, je n'en lis pas trop, ça ne me passionne pas. Quand j'étais petit, j'en lisais, mais aujourd'hui je préfère les journaux, les romans ou regarder la télévision. La BD est un art que je respecte et même si ce n'est pas mon truc, je trouve qu'il y en a de qualité.

COMPRÉHENSION ÉCRITE

Lire pour s'orienter, s'informer, discuter

1
1. A – 2. C
2
B

3
1. A. l'usine l'Occitane – B. le village de Manosque – C. la coopérative d'huile d'olive, le moulin de l'olivette – D. Chez Julia, à Montfuron – E. Manosque
2. B – G

Comprendre la correspondance

1 F – 2 B – 3 X – 4 C – 5 A – 6 X – 7 X – 8 H – 9 E – 10 G

◼ BILAN 2
DOSSIERS 4, 5, 6

COMPRÉHENSION ORALE

Discriminer des sons

phrases identiques : 1, 4, 6
phrases différentes : 2, 3, 5

Exemple : Nous aimons les soirs.
1. Je l'ai enfin casé !
2. Cette fois-ci c'est le thé.
3. Elle aime les choux.
4. Ces cars sont vides.
5. Ces jaunes sont à éviter !
6. Elle déteste cette roue.

Comprendre des annonces, des informations...

Extrait 1
1. B – 2. ligne 4 – 3. B
Extrait 2
1. C – 2. le dimanche 10 à 20 h – 3. 44 75 22 90
Extrait 3
B

Extrait 1
Flash spécial concernant le trafic des métros à Paris. Nous vous informons que le trafic est totalement interrompu sur la ligne 4 en raison d'un incident technique.

Extrait 2
Et pour dimanche 10 septembre, nous vous annonçons flûte et orgue à l'église d'Ourscamp à 20 h. Au programme Mozart, Bach, Ravel... Entrée libre. Renseignements au 03 44 75 22 90.

Extrait 3
Et maintenant notre bulletin météo. Demain, le temps sera plus froid sur l'ensemble du pays. Le soleil brillera le matin, mais on attend d'importantes chutes de neige dans l'après-midi.

Comprendre une interaction entre locuteurs natifs...

1. A – 2. C – 3. Janine : 3 – Danièle : 1 – Aurore : 2, 4

Le journaliste : Aujourd'hui, notre pays est pluriel : un citoyen sur cinq est issu d'une famille d'origine étrangère. Nous avons voulu donner la parole à ces Françaises venues d'ailleurs. D'origine polonaise, portugaise, algérienne, italienne... trois générations de femmes issues de l'immigration nous racontent comment elles vivent leur double culture.
D'abord, écoutons le témoignage de la famille Gryczynski. Cette famille est originaire de Pologne : Janine est la grand-mère, Danièle la fille et Aurore la petite-fille.

Janine : Moi, j'ai grandi dans la pure tradition polonaise, avec l'interdiction de parler français. J'ai épousé un Polonais qui a obtenu la nationalité française en 1945. Puis, j'ai pris moi-même la nationalité française. Si je suis fière de mes origines, je me sens quand même plus française que polonaise.

Danièle : À six ans, mon père me faisait lire un journal en polonais, alors que je n'avais toujours pas appris le français. Allergique à mon éducation rigoureuse, j'ai tout abandonné. Ce n'est qu'à 36 ans que je me suis réconciliée avec ma culture oubliée.

Aurore : À cinq ans, j'ai découvert le folklore polonais et mes racines. À dix ans, j'ai tout rejeté en bloc. Puis, ma ville étant jumelée avec Jarocin en Pologne, je suis partie là-bas pour présenter la France à l'Eurovision juniors. Et j'ai appris le polonais. Je me suis toujours sentie intégrée à la culture française, mais il est important de savoir d'où on vient.

COMPRÉHENSION ÉCRITE

Lire pour s'informer, discuter

1

1. C – **2.** B – **3.** C – **4.** Un sacré thriller/ Superbe plan d'ouverture/ Poursuites à couper le souffle/ Suspense continu/ Le réalisateur maîtrise.../Premier long métrage frappe très fort

2

1. B – **2.** A – **3.** C

Lire pour s'orienter

2 X – 3 D – 4 X – 5 A – 6 C – 7 B – 8 H – 9 F – 10 X – 11 G

BILAN 3
DOSSIERS 7, 8, 9

COMPRÉHENSION ORALE

Discriminer des sons

de – attiré – 80 000 – sont – beau

TRANSCRIPTION

Exemple : Ci-dessus, vous pouvez voir la compagnie Dessanges fin prête pour une parade intemporelle. Les femmes paraissent jeunes dans leurs combinaisons futuristes !

Jamais une rencontre de championnat n'aura attiré autant de monde. Près de 80 000 personnes sont attendues dans le stade. Il ne reste plus aux joueurs qu'à réaliser un beau match. Côté spectacle, ils ne déçoivent jamais !

Discriminer les types de discours

1. échange formel – **2.** message informel – **3.** publicité commerciale – **4.** informations publiques

---
TRANSCRIPTIONS

Exemple : Le plan d'épargne populaire, c'est la possibilité pour vous de constituer un capital net d'impôt. Si vous souhaitez de plus amples renseignements, sans aucun engagement de votre part, n'hésitez pas à nous contacter. Nous attendons votre visite.

Extrait 1

Je voulais vous dire que je regrette que l'émission *C'est pas difficile* ne soit plus diffusée quotidiennement. C'est la seule émission ludique et instructive qui s'adresse à tous les publics.

Extrait 2

Allô Sophie, c'est Éric. Je t'appelle pour te dire que nous ne pourrons pas aller au cinéma ce soir comme prévu, mon père est malade, je dois aller le voir. Rappelle-moi. Bisous.

Extrait 3

Si, pour vous, vacances et nature vont ensemble, connectez-vous sur notre site de vacances. Vous sélectionnez une ferme selon la région et le choix d'activité proposé : pêche, randonnée, équitation, stage de cuisine... Le plus : les repas préparés avec les produits naturels locaux. L'hébergement se fait en chambre individuelle ou collective. Le tout à des prix plus que raisonnables.

Extrait 4

Demain, le trafic sera perturbé entre 9 h 30 et 17 h 30 dans le centre de Paris, en raison de travaux de rénovation. Évitez le secteur.

Comprendre des informations d'intérêt général...

Extrait 1
C

Extrait 2
C

Extrait 3
B

TRANSCRIPTIONS

Extrait 1

Un marché aux fleurs consacré... aux arbres. Conseils en jardinage, atelier de composition florale, espace de vente, animations pour les adultes et les enfants... le septième marché aux fleurs de Trouville aura lieu dimanche de 14 h à 19 h dans le parc de la mairie. Cette année, la mairie a décidé de défendre la place des arbres dans la ville.

Extrait 2

Comme Paris, neuf villes italiennes, dont Rome et Turin, ont fermé hier leur centre historique aux voitures pour tenter de faire baisser la pollution.

Extrait 3

À l'occasion de ses 20 ans, le commissariat d'Évreux a décidé d'aller au-devant des habitants en organisant le jeudi 12 mai une journée d'animations ouverte au grand public. L'occasion pour les policiers de la ville de présenter leurs différentes activités : missions spécifiques de la brigade VTT, celles des motards, de la brigade canine ou encore de la police d'intervention. La reconstitution d'une scène de crime est même prévue pour faire découvrir aux néophytes le travail de la police scientifique.

Comprendre une courte interview...

1. 60 000 – **2.** 37 ans, libraire, marié, 2 enfants, 1 an, produits frais, mensuels (150 €), steaks, avantages : grande surface située loin + gain de temps, inconvénient : assez cher

TRANSCRIPTION

La journaliste : 60 000 familles font leurs courses sur Internet, et vous ? Nous écoutons le témoignage de Xavier.

Xavier : Voilà, j'ai 37 ans, je suis libraire à Paris dans le XXᵉ et j'ai deux enfants. Les poissons, les poulets fermiers, la farine et même les fruits pour les tartes... j'achète presque tous ces produits frais sur Internet. Depuis un an, j'ai remplacé mon chariot par une souris, un clavier et un modem. Avec les horaires de la librairie, c'est un gain de temps. Alors ne me demandez plus d'aller mettre les pieds dans les supermarchés.

C'est une voisine qui nous en a parlé. Au début, je trouvais ça cher, mais désormais, c'est adopté. Notre grande surface est située loin de chez nous. Il faut au moins vingt minutes de voiture pour y aller alors économiquement, en achetant en ligne, on s'y retrouve. Une commande une fois par mois d'à peu près 150 € suffit pour la petite famille de quatre personnes que nous sommes. Le reste nous l'achetons dans le quartier : boulangerie, petits commerces et le marché... Je dois reconnaître qu'Internet a quand même ses limites : pour la viande, rien ne vaut un bon boucher !

COMPRÉHENSION ÉCRITE

Lire pour s'orienter

1
1. B – **2.** C – **3.** B – **4.** B – **5.** A –
6. C – **7.** A
2
1. C – **2.** C – **3.** A, B, D

Lire pour s'informer, discuter

1 B – 2 D – 3 A – 4 C

BILAN 4
DOSSIERS 1 à 9

COMPRÉHENSION ORALE

Discriminer des sons

des – font – plaisir – du – peu

TRANSCRIPTION

Exemple : Ci-dessus, vous pouvez voir la compagnie Dessanges fin prête pour une parade intemporelle. Les femmes paraissent jeunes dans leurs combinaisons futuristes !

Le bricolage est à la mode : 10 % des bricoleurs le font par obligation et 90 % par plaisir. Pour 62 %, les motivations sont liées à l'amélioration du logement et, pour 38 %, à la réparation et à la rénovation peu chères. Le jardin est maintenant perçu comme une autre pièce de la maison où l'on bricole. Il est un territoire de plus en plus féminin.

Discriminer les types de discours

1. échange formel – **2.** conversation informelle – **3.** informations publiques – **4.** publicité commerciale

TRANSCRIPTIONS

Exemple : Le plan d'épargne populaire, c'est la possibilité pour vous de constituer un capital net d'impôt. Si vous souhaitez de plus amples renseignements, sans aucun engagement de votre part, n'hésitez pas à nous contacter.

Nous attendons votre visite.

Extrait 1

Voilà cette semaine je voulais vous donner mon avis sur un produit qui m'a beaucoup plu : des salades composées, prêtes à déguster, accompagnées de leur sauce, d'une fourchette et d'une serviette. C'est l'excellente idée de ces nouvelles salades. Très faciles d'utilisation, elles se composent de deux éléments : un bol pour la salade verte et les autres ingrédients, et un couvercle pour la vinaigrette. Secouez... votre repas est prêt, sans risque de se salir les doigts ! Comme moi, essayez-les, c'est vraiment très pratique !

Extrait 2

– J'organise une petite soirée chez moi pour fêter le début des vacances et mon anniversaire, samedi prochain à partir de 21 h. Tu veux venir ?

– Super ? Il y aura beaucoup de monde ?

– Il y aura une vingtaine d'amis, chacun participe soit à la musique, soit au repas...

– Compte sur moi, j'apporterai des disques et les boissons.

Extrait 3

Votre attention, s'il vous plaît, en raison de la tempête qui souffle sur l'ensemble du pays tous les vols sont annulés momentanément. Les voyageurs sont priés de s'informer auprès de leur compagnie.

Extrait 4

Aujourd'hui dans votre magasin Prixfou, promotion sur les gigots de mouton et tous les laitages. Jusqu'à 30 % de réduction sur certains articles. Profitez de cette occasion exceptionnelle.

Comprendre des informations d'intérêt général...

Extrait 1

1. C – 2. 15 mai

Extrait 2

Nice – vert – 0

Extrait 3

1. B – 2. C – 3. 6 %

Extrait 1

La saison estivale va bientôt commencer au parc de Créteil. La plage ouvrira ses portes aux baigneurs lors du week-end du 15 mai. Cette année des douches ont été installées entre la plage de sable et les pelouses. Une plateforme solarium est également prévue.

Extrait 2

Priés de choisir la couleur de leurs maillots pour le match de la dernière chance contre Saint-Leu, les joueurs de Nice ont choisi pour la première fois de la saison le vert. Ils pensaient sans doute qu'il s'agissait de la couleur de l'espérance. Malheureusement, elle ne leur a pas permis de vaincre ! Les Niçois ont perdu 4 à 0.

Extrait 3

Selon une étude récente, la consommation de sandwichs a augmenté de 6 % l'an dernier en France. Ils restent très majoritairement constitués à base de baguettes. Les lieux d'achats restent très diversifiés : ce sont les boulangeries qui viennent en premier lieu devant les sandwicheries, les cafés et les distributeurs automatiques.

Comprendre une courte interview...

1. B – 2. A, E – 3. 137 CD 70 – 4. B

La journaliste : Comme tous les jours, nous choisissons parmi les messages que vous nous laissez sur le répondeur des auditeurs. Aujourd'hui, nous avons choisi de vous faire écouter le message laissé par Adrien.

Adrien : Voilà, je voulais vous raconter mon histoire. J'habite à 400 kms de Paris et je suis agriculteur. Alors voilà, j'ai reçu une amende de 375 euros pour avoir stationné mon tracteur dans une rue de... allez, devinez... Paris. Le plus bizarre dans cette histoire c'est que mon tracteur n'a jamais quitté le village !

J'ai essayé de convaincre l'administration que c'était une erreur mais ils ne veulent rien savoir, je dois payer ! Bien sûr, je suis déjà allé à Paris mais pas récemment, c'était pendant mon service militaire, et je n'y suis pas allé en voiture encore moins en tracteur. Pourtant l'immatriculation 137 CD 70 correspond bien à celle de mon tracteur. Alors, si vous pouvez m'aider... soit l'agent de police s'est trompé dans les numéros soit c'est un automobiliste qui en passant près d'ici a noté le numéro de ma plaque et s'en est servi, mais je ne sais pas quoi faire...

COMPRÉHENSION ÉCRITE

Lire pour s'orienter

1. Comprendre des articles de presse

1
1. C – 2. 1 B, 2 D, 3 F, 4 E, 5 C, 6 I
2
1. C – 2. B – 3. B – 4. A – 5. C

2. Identifier des écrits

2 D – 3 E – 4 B – 5 F – 6 A

Lire pour s'informer, discuter

1 D – 2 B – 3 C – 4 A – 5 E

DELF A2
numéro 1

COMPRÉHENSION DE L'ORAL

Exercice 1

1re partie de l'enregistrement

1. entre 16 h 00 et 20 h 30 – **2.** 66 39 16 12

2e partie de l'enregistrement

3. jeudi après-midi – **4.** Mme Delpas

TRANSCRIPTIONS

1re partie de l'enregistrement

Vous êtes bien au cabinet du Docteur Leroy. Les consultations ont lieu tous les jours, sauf samedi et dimanche, de 10 h à 13 h et de 16 h à 20 h 30. Vous pouvez prendre un rendez-vous les mardi et jeudi de 14 h à 16 h. Merci de rappeler aux heures de consultation. Pour toute urgence, appelez le 03 66 39 16 12.

2e partie de l'enregistrement

– Docteur Leroy ?

– Oui, Bonjour madame.

– Bonjour Docteur, je vous appelle pour prendre rendez-vous.

– Aujourd'hui mardi, c'est plein toute la journée mais jeudi j'ai une place à 15 h 30.

– Merci Docteur, c'est parfait. C'est au nom de Mme Delpas.

– Delpas, D.E.L.P.A.S ?

– C'est ça.

– Alors au revoir Mme Delpas, à jeudi.

– Au revoir Docteur et merci.

Exercice 2

1. 105/Rome – **2.** il partira plus tard – **3.** le temps est mauvais – **4.** d'attendre dans l'aéroport – **5.** salle D

TRANSCRIPTION

Votre attention s'il vous plaît, en raison des perturbations météorologiques actuellement sur la région, le vol AF 105 à destination de Rome est momentanément retardé. Les passagers sont priés de patienter salle D ou de contacter le comptoir de la compagnie pour plus de renseignements. Merci de votre compréhension.

Exercice 3

Vrai : 2, 6 – Faux : 3, 4 – On ne sait pas : 1, 5

TRANSCRIPTION

– Écoutez, je ne comprends pas, je vous avais écrit pour réserver une chambre avec deux lits et salle de bains. Cette chambre est très petite, elle n'a qu'un lit double et une douche. Ce n'est pas possible !

– Attendez que je vérifie votre réservation. Vous avez réservé sur Internet, n'est-ce pas ? À quelle date ?

– Le 10 mai.

– Voilà, en effet, vous avez demandé deux lits, mais vous avez coché la douche et non la salle de bains.

– Montrez-moi ! Bon, mais j'ai bien demandé deux lits.

– Attendez, nous allons arranger cela, il me reste une chambre à deux lits avec salle de bains, mais elle coûte 75 euros au lieu de 50. Vous la voulez tout de même ?

– Vous pourriez me la laisser à 50 euros car j'avais bien demandé deux lits !

– Bon, écoutez je vous la fais à 75 euros petit déjeuner compris, cela vous convient ?

– D'accord !

COMPRÉHENSION DES ÉCRITS

Exercice 1

1 C – 2 F – 3 G – 4 B – 5 H

Exercice 2

Politique : 3 – Culture : 5 – Société : 6 – Sciences : 4 – Sports : 1 – Économie : 2

Exercice 3

1. une critique artistique – **2.** internationale – **3.** dans trois pays – **4.** 1 : faux (*une cinquantaine d'artistes*), 2 : vrai (*gymnastes et comédiens*), 3 : faux (*aux costumes fous*), 4 : vrai (*magique, superbe spectacle, un événement, un spectacle à couper le souffle, décor magique, on adore*)

Exercice 4

1. Elle a trouvé un nouveau partenaire. – **2.** la possibilité de réserver sur Internet/des forfaits (hôtel et transport) à l'étranger/des billets sur ses lignes à prix intéressant – **3.** réserver tôt le matin

DELF A2
numéro 2

COMPRÉHENSION DE L'ORAL

Exercice 1

1re partie de l'enregistrement
1. n° 4

2e partie de l'enregistrement
2. faux – **3.** cent cinquante euros

TRANSCRIPTIONS

1re partie de l'enregistrement
Merci d'appeler Air France
Pour un service en français, tapez 1
Pour un service en anglais, tapez 2
Vous voulez :
– avoir des informations sur nos vols, tapez 3
– réserver un vol, tapez 4
– modifier une réservation, tapez 5
Vous avez un problème de facture, tapez 6
Vous voulez avoir accès à nos promotions de dernière minute, tapez 7

2e partie de l'enregistrement
Voici nos promotions de dernière minute : vols
– Paris-Athènes week-end du 16 mars : 150 euros,
– Paris-Lisbonne du 12 au 30 mai avec nuit du samedi au dimanche sur place : 120 euros.
Pour réserver, appelez de 8 h 00 à 21 h 00 le service réservation.

Exercice 2

1. mercredi – **2.** 20 h 45 – **3.** d'une série – **4.** un reportage sur les fonds sous-marins

---

TRANSCRIPTION

Ce soir, sur France 2,
à 20 h 45, dernier épisode de notre feuilleton du mercredi : *Vacances au soleil*, ce soir, Audrey trouvera-t-elle enfin le bonheur ?
à 22 h 30, *Les baleines blanches*, Didier Dubois nous emmènera à la découverte de ces animaux qu'il a filmés pendant plusieurs mois en mer.

Exercice 3

Vrai : 1, 3 – Faux : 2, 5, 6 – On ne sait pas : 4

TRANSCRIPTION

– Société de vente à distance *Sportmode*, bonjour.
– Bonjour, voilà je vous appelle parce que j'ai passé une commande il y a deux semaines. J'ai bien reçu ma commande, mais cela ne correspond pas à ce que j'ai demandé.
– Oui, monsieur, d'abord rappelez-moi votre numéro de client, s'il vous plaît.
– Mon numéro est le 3178 99 42.
– Vous êtes M. Gueguen, 35 rue des Ponts à Lyon ?
– C'est bien ça !
– Alors, vous aviez commandé une tenue de jogging : pantalon et veste en coton, coloris vert, taille 48 ?
– C'est ça, mais j'ai reçu une taille 46.

– Nous sommes tout à fait désolés, monsieur. Il s'agit d'une erreur effectivement. Je vous propose de déposer votre jogging au magasin dépôt qui est juste à côté de chez vous 21 rue des Ponts qui va se charger de nous le renvoyer. Je commande tout de suite pour vous la taille 48, vous la recevrez dans 48 h et, pour nous excuser, nous vous adressons un bon de 50 euros pour un prochain achat.
– Merci, madame, au revoir.

COMPRÉHENSION DES ÉCRITS

Exercice 1

1 E – 2 G – 3 H – 4 C – 5 A

Exercice 2

Politique : 5 – Culture : 4 – Consommation : 1 – Sciences : 3 – Sports : 6 – Économie : 2

Exercice 3

1. d'un nouveau type d'avion – **2.** son confort/sa taille – **3.** 1 : vrai (*Ils dépensent leurs euros au casino*), 2 : faux (*les passagers se reposent dans des cabines lit*), 3 : vrai (*font de l'exercice dans la salle de sport*), 4 : faux (*on en rêvait !*)

Exercice 4

1. d'une information municipale –
2. dimanche prochain/Vitry –
3. participer à un jeu/manger des champignons – **4.** un feu d'artifice

---

Imprimé en France par Mame Imprimeurs (n° 09082083)
Dépôt légal : 10/2009 - Collection n° 05
Édition 03 - 15/5503/6